科技法律实务系列

全国学会品牌保护与运营指南

中国科协学会服务中心　编著

法律出版社
LAW PRESS·CHINA
北京

图书在版编目(CIP)数据

全国学会品牌保护与运营指南 / 中国科协学会服务中心编著. -- 北京 : 法律出版社, 2023
(科技法律实务系列)
ISBN 978-7-5197-8019-7

Ⅰ. ①全… Ⅱ. ①中… Ⅲ. ①中国科学技术协会－品牌管理－知识产权保护－中国－指南 Ⅳ. ①D923.4-62

中国国家版本馆 CIP 数据核字(2023)第 108258 号

全国学会品牌保护与运营指南 **QUANGUO XUEHUI PINPAI BAOHU YU YUNYING ZHINAN**	中国科协学会服务中心 编著	责任编辑 赵明霞 魏艳丽 装帧设计 汪奇峰

出版发行 法律出版社	**开本** 710 毫米×1000 毫米 1/16
编辑统筹 法商出版分社	**印张** 15.5 **字数** 205 千
责任校对 晁明慧	**版本** 2023 年 10 月第 1 版
责任印制 胡晓雅	**印次** 2023 年 10 月第 1 次印刷
经　　销 新华书店	**印刷** 天津嘉恒印务有限公司

地址:北京市丰台区莲花池西里 7 号(100073)
网址:www.lawpress.com.cn　　销售电话:010-83938349
投稿邮箱:info@lawpress.com.cn　　客服电话:010-83938350
举报盗版邮箱:jbwq@lawpress.com.cn　　咨询电话:010-63939796

书号:ISBN 978-7-5197-8019-7　　**定价**:62.00 元
凡购买本社图书,如有印装错误,我社负责退换。电话:010-83938349

序　言

要实现高质量发展，必须坚持科技创新在国家现代化建设全局中的核心地位，把科技自立自强作为国家发展的战略支撑。知识产权制度作为保护科技创新的一项基础性制度，在鼓励发明创造、促进科技成果应用、保护创新创造成果以及推动科技进步和经济社会高质量发展等方面发挥了不可替代的重要作用。习近平总书记多次强调，创新是引领发展的第一动力，保护知识产权就是保护创新。

党的十八大以来，以习近平同志为核心的党中央高度重视加强知识产权保护工作，知识产权事业取得历史性成就。伴随《知识产权强国建设纲要（2021 — 2035 年）》的出台，我国全面开启中国特色、世界水平的知识产权强国建设新征程。习近平总书记在主持第十九届中央政治局第二十五次集体学习时，从国家战略高度和进入新发展阶段要求出发，再次对知识产权保护工作提出重要要求，强调全面加强知识产权保护工作，激发创新活力推动构建新发展格局。

党的二十大为新时代新征程党和国家事业发展指明了前进方向，提供了根本遵循。会议将知识产权驱动的创新创造放在国家现代化建设全局的核心定位，强调“深化科技体制改革，深化科技评价改革，加大多元化科技投入，加强知识产权法治保障，形成支持全面创新的基础制度”。

中国科学技术协会（以下简称中国科协）坚持团结引领广大科技工作者融入构建新发展格局，把科技共同体人才势能转化为高质量发展动能，为提升国民经济体系整体效能提供科技支撑。中国科协所属全国学会是全国科技工作者自愿结成的群众组织，是党和政府联系科技工作者的桥梁纽带，是国家推动科学技术事业发展的重要力量，理应成为知识产权合规管理和风险防控的模范，在构建知识产权大保护工作格局中发挥积极作用。

为认真贯彻落实习近平总书记在第十九届中央政治局第二十五次集体学习时的重要讲话精神和党的二十大精神，贯彻实施国家创新驱动发展战略和知识产权强国战略，全面加强知识产权保护和运用，支撑国家战略科技力量建设，更好地服务科技工作者，充分发挥知识产权激励科技创新、保障成果权益、支撑治理体系的制度性作用，推动全国学会高质量发展，中国科协学会服务中心组织开展“访学会送服务：全国学会品牌法律服务”项目。项目以“访学会送服务”形式对10家定点学会展开深入调研，通过开展线上线下品牌保护法律培训及座谈交流，收集整理针对全国学会的品牌合规问题，并对中国科协所属214家全国学会的商标申请、保护及运营情况进行了多方面、多维度的检索与梳理，最终基于数据和案例分析，形成《全国学会品牌保护与运营指南》（以下简称《指南》）。

《指南》共分为三个部分。第一部分在对全国学会品牌资产进行定义的基础上，指出学会品牌保护必要性，介绍学会品牌保护途径，并且结合相关法律法规，分享学会品牌保护经典案例；第二部分从学会品牌保护实践出发，采用一问一答、以案释法的形式，充分结合学会在品牌标识获得商标专用权、维护注册商标有效性、品牌资产授权合规性以及品牌资产维权四个场景，形成学会品牌保护实践操作60问；第三部分列举常用商标文书参考模板。

《指南》是针对全国学会品牌保护合规问题的工具用书以及普法读物，旨在找出学会品牌保护问题并提出解决方案，希望借此提高全国学会品牌法律保护和合规管理意识，从而在推动全国学会依法办会、防范学会舆论风险方面提供实务支持，助推中国特色一流学会建设、世界一流期刊建设和科技工作者权益保护。《指南》基于对现有数据、现行法律法规以及经验的整理与分析形成的专业意见仅作为学会在品牌保护实践中的参考，不代表任何官方意见。

目 录
Contents

01

第一部分

学会品牌资产概述

02

第二部分

学会品牌保护实践操作 60 问

第一部分

学会品牌资产概述

第一章　学会品牌资产的定义与分类

一、学会品牌资产定义

“品牌”（brand）是具有经济价值的无形资产，是用抽象化的、特有的、能识别的心智概念来表现其差异性，从而在人们意识当中占据一定位置的综合反映。品牌资产（brand equity）是赋予产品或服务的附加价值；它反映在消费者对有关品牌的想法、感受以及行动的方式上，同样，它也反映于品牌所带来的价格、市场份额以及盈利能力上。

学会品牌资产作为学会资产的重要组成部分，是学会无形资产的重要载体，也是学会综合信息传递的媒介。学会品牌资产可以起到来源识别、避免混淆、维护市场正常运行的作用。

二、学会品牌资产分类

学会品牌资产具有其特殊性，作为科技类社会组织，结合学会针对其主营业务和社会活动的实际运营情况，学会品牌资产通常包括：（1）学会名称；（2）学会主办的期刊和杂志名称；（3）学会举办的知名会议、展会和活动名称；（4）行业知名奖项名称等。上述品牌资产所涉及的标志主要体现为中文全称、中文简称、英文全称、英文简称（通常为首字母组合）、图形标志或上述元素的组合。

第二章　学会品牌保护的必要性

学会的品牌资产作为学会资产的重要组成部分，包括学会名称、学会期刊和杂志名称、学会会议名称、展会和活动名称、奖项名称以及其他能够引发学会品牌联想的标志。上述品牌资产基于不同场合的不同需求，通过中文、英文、图形、字母、数字、三维标志、颜色组合等不同形式呈现。而学会品牌资产的使用场景更是多种多样，大到学会和所属分支机构组织举办的各种会议或者活动现场、工作场所、奖状、聘书、官方网站、新媒体公众号、出版物和宣传品等，小到学会和所属分支机构工作使用的信封、信笺、请柬、名片等，均可以印制会徽图案和/或使用品牌内容。

可见，学会品牌资产的具体内容以及使用场景远比想象中更为丰富与复杂，其每时每刻向外界传递着学会的理念，代表学会的精神与面貌。鉴于学会品牌资产如此广泛的应用需求以及重要的现实地位，学会出于维护品牌声誉、避免混淆、维护市场正常运行的考虑，应当重视对其的保护。

近年来，知名全国学会的学会名称、期刊名称、重点会议名称等学会品牌资产，因其所蕴含的巨大商业价值，导致其合法权益屡遭侵犯。针对学会品牌资产的侵权行为，不仅对全国学会的良好声誉造成负面影响，而且严重损害了消费者的合法权益，破坏了公平竞争的市场秩序。而现行《民法典》、《商标法》和《反不正当竞争法》在全国学会品牌资产的保护方面各有其局限性。因此，为了充分利用知识产权制度激励创新、促进成果转化，防止品牌资产遭受侵害，全国学会必须主动提升知识产权的保护意识，加强侵权预防措施，健全品牌资产管理制度，从完善品牌资产侵权应对措施等多方面着手，积极维护合法权益。

第三章 学会品牌保护途径

学会品牌资产作为学会享有的无形资产的重要组成部分，对其保护的法律依据主要集中于《商标法》、《著作权法》和《反不正当竞争法》。综合各部门法所给予的保护范围以及限制，学会品牌保护的途径主要包括提交商标注册申请、提交著作权登记、主张名称具有“一定影响”三种。其中，将学会品牌资产所涉及的标志提交商标注册申请是最为有效和快捷的方式，应当作为学会品牌资产保护的首选。本书也将重点围绕商标制度下的品牌保护进行阐述。

一、将相关标志提交商标注册申请

学会品牌资产主要表现为各类名称及所对应的图形标志，因此对其最有效的保护是将相关标志提交商标注册申请。商标经审查被核准注册后，学会即对该商标享有了排他性的专用权，可以最大限度地在所核定的商品 / 服务项目上获得商标专用权法律保护，限制他人未经许可的擅自使用等行为。因此，学会品牌资产最有效的保护方式是将品牌资产所涉及的标志提交商标注册申请。

（一）注册商标的定义与种类

1. 注册商标的定义

依据《商标法》的相关规定，可申请注册的商标是指：任何能够将自然人、法人或者其他组织的商品与他人的商品区别开的标志，包括文字、图形、字母、数字、三维标志、颜色组合和声音等，以及上述要素的组合。同时，申请注册的商标应当有显著特征，便于识别，并不得与他人在先取得的合法权利相冲突。

经商标局核准注册的商标为注册商标，商标注册人享有商标专用权，受法律保护。商标注册申请需要指定在具体的商品或服务项目上。商标注册申请经核准后，该注册商标即可在核定使用的商品或服务项目上获得排他性保护的权利。

2. 注册商标的种类

注册商标包括商品商标、服务商标和集体商标、证明商标。

顾名思义，商品商标通常指使用于商品之上的商标，而服务商标是使用于服务之上的商标。通常情况下，商品商标所核定的商品项目主要涉及《类似商品和服务区分表——基于尼斯分类》的第 1 类至第 34 类，共 34 个类别；而服务商标所核定的服务项目主要涉及《类似商品和服务区分表——基于尼斯分类》的第 35 类至第 45 类，共 11 个类别。

集体商标，是指以团体、协会或者其他组织名义注册，供该组织成员在商事活动中使用，以表明使用者在该组织中的成员资格的标志。

证明商标，是指由对某种商品或者服务具有监督能力的组织所控制，而由该组织以外的单位或者个人使用于其商品或者服务，用以证明该商品或者服务的原产地、原料、制造方法、质量或者其他特定品质的标志。

（二）《类似商品和服务区分表——基于尼斯分类》

在我国现行商标保护体系下，商标注册申请适用《类似商品和服务区分表——基于尼斯分类》第十二版 2023 文本（以下简称《区分表》）。每年国家知识产权局商标局会根据变化，编著当年文本。《区分表》2023 文本对于类似商品、类似服务以及该区分表的适用进行了说明。

类似商品是指商品在功能、用途、所用原料、销售渠道、消费对象等方面具有一定的共同性，如果使用相同、近似的商标，易使相关公众认为其存在特定联系，使消费者误认为是同一企业生产的商品。

类似服务是指在服务的目的、内容、方式、对象等方面具有一定的共同性，如果使用相同、近似的商标，易使相关公众认为其存在特定联系，使消费者误认为是同一企业提供的服务。

《区分表》中的类似商品和服务，是商标主管部门为了商标检索、审查、管理工作的需要，总结多年来的实践工作经验，并广泛征求各部门的意见，把某些存在特定联系、容易造成误认的商品或服务组合到一起编制而成的，共分为商品（第 1 类至第 34 类，共 34 个类别）和服务（第 35 类至第 45 类，共 11 个类别）两大部分。具体类别名称和主要项目介绍如下：

第 1 类：用于工业、科学、摄影、农业、园艺、森林的化学品，未加工人造合成树脂，未加工塑料物质，肥料，灭火用合成物，淬火和金属焊接用制剂，保存食品用化学品，鞣料，工业粘合剂。

第 2 类：颜料，清漆，漆，防锈剂和木材防腐剂，着色剂，未加工的天然树脂，画家、装饰家、印刷商和艺术家用金属箔及金属粉。

第 3 类：洗衣用漂白剂及其他物料，清洁、擦亮、去渍及研磨用制剂，肥皂，香料，香精油，化妆品，洗发水，牙膏。

第 4 类：工业用油及油脂，润滑油，吸收、喷洒和粘结灰尘用品，燃料（包括马达用的汽油）和照明材料，照明用蜡烛和灯芯。

第 5 类：医用和兽医用制剂，医用卫生制剂，医用营养品，婴儿食品，膏药，绷敷材料，填塞牙孔和牙模用料，消毒剂，消灭有害动物制剂，杀真菌剂，除锈剂。

第 6 类：普通金属及其合金，金属建筑材料，可移动建筑物，铁轨用金属材料，非电气用缆索和金属线，小五金具，金属管，保险箱，不属别类的普通金属制品，矿砂。

第 7 类：机器和机床，马达和发动机（陆地车辆用的除外），机器传动用联轴节和传动机件（陆地车辆用的除外），非手动农业工具，孵化器。

第 8 类：手工用具和器械（手工操作的），刀、叉和勺餐具，佩刀，剃刀。

第 9 类：科学、航海、测地、摄影、电影、光学、衡具、量具、信号、检验（监督）、救护（营救）和教学用具及仪器；处理、开关、传送、积累、调节或控制电的仪器和器具，录制、通讯、重放声音和形象的器具，磁性数据载体。

第 10 类：外科、医疗、牙科和兽医用仪器及器械，假肢、假眼和假牙，矫形用品，缝合用材料。

第 11 类：照明、加温、蒸汽、烹调、冷藏、干燥、通风、供水以及卫生设备装置。

第 12 类：车辆，陆、空、海用运载器。

第 13 类：火器，军火及子弹，爆炸物，烟火。

第 14 类：贵重金属及其合金以及不属别类的贵重金属制品或镀有贵重金属的物品，珠宝，首饰，宝石，钟表和计时仪器。

第 15 类：乐器。

第 16 类：不属别类的纸、纸板及其制品，印刷品，装订用品，照片，文具用品，文具或家庭用粘合剂，美术用品，画笔，打字机和办公用品（家具除外），教育或教学用品（仪器除外），包装用塑料物品（不属别类的），印刷铅字，印版。

第 17 类：不属别类的橡胶、古塔胶、树胶、石棉、云母以及这些原材料的制品，生产用半成品塑料制品，包装、填充和绝缘用材料，非金属软管。

第 18 类：皮革及人造皮革，不属别类的皮革及人造皮革制品，毛皮，箱子及旅行袋，雨伞、阳伞及手杖，鞭和马具。

第 19 类：非金属的建筑材料，建筑用非金属刚性管，沥青，柏油，可移动非金属建筑物，非金属碑。

第 20 类：家具，玻璃镜子，镜框，不属别类的木、软木、苇、藤、柳条、角、骨、象牙、鲸骨、贝壳、琥珀、珍珠母、海泡石制品，这些材料的代用品或塑料制品。

第 21 类：家庭或厨房用具及容器（非贵重金属所制，也非镀有贵重金属的），梳子及海绵，刷子（画笔除外），制刷材料，清扫用具，钢丝绒，未加工或半加工玻璃（建筑用玻璃除外），不属别类的玻璃器皿、瓷器及陶器。

第 22 条：绳索和细绳，网，帐篷和防水遮布，纺织品或合成材料制遮篷，帆，运输和贮存散装物用麻袋，衬垫和填充材料（纸或纸板、橡胶、塑料制除外），纺织用纤维原料及其替代品。

第 23 条：纺织用纱和线。

第 24 类：不属别类的布料及纺织品，床单和桌布。

第 25 类：服装，鞋，帽。

第 26 类：花边，编带和刺绣品，缝纫用饰带和蝴蝶结，纽扣，领钩扣，饰针和缝针，人造花，发饰，假发。

第 27 类：地毯，地席，席类，油毡及其他铺地板用品，非纺织品墙帷。

第 28 类：娱乐品，玩具，不属别类的体育及运动用品，圣诞树用装饰品。

第 29 类：肉，鱼，家禽及野味，肉汁，腌渍、干制及煮熟的水果和蔬菜，果冻，果酱，蜜饯，蛋，奶及乳制品，食用油和油脂。

第 30 类：咖啡，茶，可可，糖，米，食用淀粉，西米，咖啡代用品，面粉及谷类制品，面包，糕点及糖果，冰制食品，蜂蜜，糖浆，鲜酵母，发酵粉，食盐，芥末，醋，沙司（调味品），调味用香料，饮用冰。

第 31 类：农业，园艺，林业产品及不属别类的谷物，牲畜，新鲜水果和蔬菜，种子，草木及花卉，动物饲料，麦芽。

第32类：啤酒，矿泉水和汽水以及其他不含酒精的饮料，水果饮料及果汁，糖浆及其他供饮料用的制剂。

第33类：含酒精的饮料（啤酒除外）。

第34类：烟草，烟具，火柴。

第35类：广告，实业经营，实业管理，办公事务。

第36类：保险，金融，货币事务，不动产事务。

第37类：房屋建筑，修理，安装服务。

第38类：电信。

第39类：运输，商品包装和贮藏，旅行安排。

第40类：材料处理。

第41类：教育，提供培训，娱乐，文体活动。

第42类：科学技术服务和与之相关的研究与设计服务；工业分析与研究；计算机硬件与软件的设计与开发；法律服务。

第43类：提供食物和饮料服务；临时住宿。

第44类：医疗服务，兽医服务，人或动物的卫生和美容服务，农业、水产养殖、园艺和林业服务。

第45类：法律服务，为有形财产和个人提供实体保护的安全服务，由他人提供的为满足个人需要的私人和社会服务。

（三）学会品牌资产商标申请所涉及的类别

依据学会特点，学会品牌资产所涉及的核心商品或服务项目主要包括：

- 第16类：印刷出版物、期刊、杂志等。
- 第41类：培训、教育、安排和组织学术讨论会、安排和组织会议、组织文化或教育展览、安排和组织大会、安排和组织专家讨论会等。
- 第42类：技术项目研究、科学实验室服务、科学研究、质量检测等。

- 依据学会行业特点所涉及的类别，如第 31 类（农业）、第 37 类（建筑）、第 44 类（医学）等。

二、针对构成作品的标志可提交著作权登记

学会品牌资产所涉及的标志，有可能是图形标志或经艺术化设计的文字。对于此类标志，如果其符合《著作权法》对作品的认定标准（是文学、艺术和科学领域内具有独创性并能以一定形式表现的智力成果），则学会可以将其提交著作权登记。著作权登记证书作为证明著作权权属的初步证据，当学会享有的作品被他人侵害时，可用以主张著作权侵权。但著作权登记与商标注册不同，不需要行政机关的严格审查，所以在权属认定上的要求较高，主张侵权行为时，对于证据的认定标准也更为严苛。

三、依据《反不正当竞争法》主张名称具有“一定影响”

学会品牌资产所涉及的标志如果未获得商标注册，同时未构成《著作权法》意义上的作品，则在维权过程中会遇到较大的阻碍。在此情况下，学会通常只能依据《反不正当竞争法》第 6 条有关“擅自使用他人有一定影响的企业名称（包括简称、字号等）、社会组织名称（包括简称等）”的相关规定来打击不正当竞争行为，维护学会名称等相关权利。但适用该条款维权时，通常对于“一定影响”的认定较为严格，需要学会提供充分的证据证明该名称的知名度和社会影响力，以及侵权行为的不正当性。

第四章　学会品牌保护涉及的相关法律法规及政策

学会品牌保护所涉及的重点法律法规主要集中在《商标法》领域、《反不正当竞争法》领域。此处主要列出相关法律、法规、政策清单（见表1）。

表1　学会品牌保护涉及的重点法律法规

序号	文件名称	颁布机构	生效时间
《商标法》领域			
1	《商标法》	全国人大常委会	2019年11月1日
2	《商标法实施条例》	国务院	2014年5月1日
3	《集体商标、证明商标注册和管理办法》	国家工商行政管理总局	2003年6月1日
4	《商标审查审理指南》	国家知识产权局	2022年1月1日
5	《商标评审规则》	国家工商行政管理总局	2014年6月1日
6	《商标一般违法判断标准》	国家知识产权局	2022年1月1日
7	《商标注册档案管理办法》	国家知识产权局	2020年8月20日
8	《商标印制管理办法》	国家市场监督管理总局	2020年10月23日
9	《国家工商行政管理总局商标局关于在第16类“报纸、期刊、杂志（期刊）、新闻刊物”四种商品上申请注册商标注意事项的通知》	国家工商行政管理总局商标局	2009年2月17日
10	《商标使用许可合同备案办法》	国家工商行政管理总局商标局	1997年8月1日

续表

序号	文件名称	颁布机构	生效时间
11	国家工商行政管理总局商标局《关于申请转让商标有关问题的规定》	国家工商行政管理总局商标局	2009年8月6日
12	《驰名商标认定和保护规定》	国家工商行政管理总局	2014年8月2日
13	最高人民法院《关于审理商标民事纠纷案件适用法律若干问题的解释》	最高人民法院	2020年12月29日
14	最高人民法院《关于审理商标授权确权行政案件若干问题的规定》	最高人民法院	2020年12月29日
15	《特殊标志管理条例》	国务院	1996年7月13日
16	最高人民法院《关于审理注册商标、企业名称与在先权利冲突的民事纠纷案件若干问题的规定》	最高人民法院	2021年1月1日
17	《与贸易有关的知识产权协定（TRIPs）》	世界贸易组织	2001年12月11日
18	《商标国际注册马德里协定》	国际条约	1989年10月4日
《反不正当竞争法》领域			
19	《反不正当竞争法》	全国人大常委会	2019年4月23日
20	最高人民法院《关于适用〈中华人民共和国反不正当竞争法〉若干问题的解释》	最高人民法院	2022年3月20日
21	《关于禁止仿冒知名商品特有的名称、包装、装潢的不正当竞争行为的若干规定》	国家工商行政管理总局	1995年7月6日
其他			
22	《民法典》	全国人大	2021年1月1日
23	《刑法》	全国人大	2021年3月1日
24	《社会团体登记管理条例》及修订	国务院	2016年2月6日
25	《知识产权强国建设纲要（2021—2035年）》	国务院	2021年9月22日

第五章　学会品牌保护重点案例分析

本章主要聚焦学会在出版科技期刊、学术论文和举办组织会议比赛等活动，以及开展科学普及、科技成果转化等过程中涉及的商标使用及品牌保护等方面的法律风险点，通过“法律风险点概述 + 学会模拟案例”或“真实裁判案例 + 法律风险分析 + 防范建议 + 适用法条”的主要结构，采取以案释法的形式阐述全国学会品牌保护的重要法律风险点，并提出防范建议。

通过调研发现，学会品牌保护的法律风险点存在于商标的获权、维护、授权、维权的各个环节。本章分别从上述各阶段入手，挖掘其中针对学会品牌保护的法律风险点，进行分阶段梳理与分析说明。

一、商标获权阶段的法律风险分析

（一）学会品牌资产无须通过商标注册获得保护

典型案例

A 学会的名称经行政管理机关审批通过，并予以了登记，因此认为没有必要再将学会名称申请注册为商标。同时，A 学会认为，学会为非营利性组织，不存在商业行为，因此更不需要将学会名称等标志注册为商标。

风险提示

注册商标专用权是排他性和垄断性权利，可以获得更为全面而广泛的保护。虽然商标并非必须经注册才能进行使用，但如果不将学会品牌资产申请为注册商标，则无法获得排他性保护，也无法当然限制他人使用。

法律分析

A 学会之所以会认为其名下品牌资产无须通过商标注册获得保护，是混淆了行政管理机关对于学会名称的登记与学会名称商标注册的概念，同时缺乏对于注册商标所能达到的保护力度的了解。

1. 混淆了行政管理机关对于学会名称的登记与学会名称商标注册的概念

学会名称的登记是针对社团组织的名称登记，是经各级民政部门审批核准，允许其在业务范围内开展活动时使用的名称，属于行政许可的方式之一。商标注册则是经国家知识产权局审查，经核准后获得注册商标专用权，该专用权为排他性和垄断性权利。学会品牌资产所涉及的标志（中英文文字、图形及其组合）在学会运营过程中会产生一定的社会和商业价值，比如学会通常会举办行业内的会议、比赛或培训，这些活动均具有较强的社会知名度和影响力。这些享有较高知名度活动的标志，都是学会的品牌资产。在学会自行使用和推广这些品牌资产时，需要积极制止他人的仿冒行为。而注册商标依法享有排他性权利，学会成为注册商标的所有权人，能够合法阻止他人使用；在出现侵权时，能够利用注册商标专用权进行有效维权，更好地维护学会的合法权益，从而降低学会的法律风险。

2. 误认为学会为非营利性组织，不存在商业行为，无须注册商标

学会虽然是非营利性组织，不以营利为目标，但其运营过程中必然存在

商业行为。学会在日常运营中，无论是出版学术期刊和杂志、举办行业会议还是开办比赛和培训，均属于商业行为的范畴。商业行为不当然等同于商业营利，而学会名下享有较高知名度和社会影响力的活动名称均属于学会的品牌资产，并由此产生商业价值。对具有商业价值的学会品牌资产，进行商标注册从而获得商标专用权，一方面可以对学会品牌资产进行更为有效和广泛的保护，另一方面是在遇到他人假借学会名义从事不当甚至违法行为时，学会可以拿起法律的武器，积极维权，以避免因维权不能而导致社会声誉的贬损。

防范建议

我国《商标法》体系采取注册在先原则，即在先注册的商标可以获得法律赋予的专用权，以排除在后申请人或使用人在相同 / 近似商品或服务项目上的商标申请 / 使用行为。学会作为名下品牌资产的权利人，应当积极维护学会品牌资产。针对学会品牌资产所涉及的相关标志，应当尽早提交商标注册申请并积极获权，以维护学会的合法权益，规避法律风险。

此外，针对部分学会认为“商标与商业强相关，相较于市场性活动较多的学会而言，某些进行基础性学科研究的学会无须通过商标注册制度保护品牌资产”的观点，笔者认为，全国学会拥有较大的社会影响力，具有协调行业的职能作用，且代表会员单位的共同利益。学会名称、会议名称以及期刊名称等品牌资产在不同场景与需求下拥有不同的社会价值，如学会的背书代表专业、客观、权威等。因此无论何种类型的学会，均需要建立完善的品牌资产管理制度，以规范学会内部与外部合作方品牌资产合规合法的使用行为，发挥学会品牌资产价值。

具体到商标注册制度，根据学会会员单位的类型，可以将全国学会初步分为研究型学会与商业型学会。前者的会员单位多为高校、研究机构等教育和科学研究机构；而后者的会员单位以企业为主，其商业属性更为突出，商业活动更为频繁。由此，不同类型的学会可考虑如下商标申请注册建议：

研究型学会，其直接参与具体商业活动的机会较少，研究成果多以学科期刊与学术会议的方式呈现。因此，研究型学会可以将品牌资产申请注册在《类似商品和服务区分表——基于尼斯分类》第16类“杂志（期刊）”，和第41类关于“安排和组织会议”以及根据实际学会研究方向选择第42类“技术/科学/化学/生物/物理/机械/研究”等项目上。

商业型学会由于其商业属性更强，因此除了上述第16类、第41类以及第42类学会通常应当涉及的商品/服务项目以外，还可以根据涉及的不同商业领域，选择对应商品/服务项目，如第3类“日化”类、第12类“汽车”类、第19类“建材”类、第20类“家具”类、第25类“服装”类、第36类“金融”类、第37类“建筑”类、第41类“文娱”类，以争取更全面的保护。

· 适用法条 ·

《社会团体登记管理条例》

第六条　国务院民政部门和县级以上地方各级人民政府民政部门是本级人民政府的社会团体登记管理机关（以下简称登记管理机关）。

国务院有关部门和县级以上地方各级人民政府有关部门、国务院或者县级以上地方各级人民政府授权的组织，是有关行业、学科或者业务范围内社会团体的业务主管单位（以下简称业务主管单位）。

法律、行政法规对社会团体的监督管理另有规定的，依照有关法律、行政法规的规定执行。

《商标法》

第一条　为了加强商标管理，保护商标专用权，促使生产、经营者保证商品和服务质量，维护商标信誉，以保障消费者和生产、经营者的利益，促进社会主义市场经济的发展，特制定本法。

第三条　经商标局核准注册的商标为注册商标，包括商品商标、服务商标和集体商标、证明商标；商标注册人享有商标专用权，受法律保护。

本法所称集体商标，是指以团体、协会或者其他组织名义注册，供该组织成员在商事活动中使用，以表明使用者在该组织中的成员资格的标志。

本法所称证明商标，是指由对某种商品或者服务具有监督能力的组织所控制，而由该组织以外的单位或者个人使用于其商品或者服务，用以证明该商品或者服务的原产地、原料、制造方法、质量或者其他特定品质的标志。

集体商标、证明商标注册和管理的特殊事项，由国务院工商行政管理部门规定。

（二）学会品牌资产所对应的标志无法获得商标注册

典型案例

案例一：B学会的标志由文字“CSA”构成，使用多年后欲提交商标注册申请。经国家知识产权局审查，该商标因与他人在先注册的“CSSA”“CCSA”等商标构成近似，由此该学会“CSA”商标注册申请被驳回。

案例二：C学会欲提交申请注册的商标为“××××× 所长论坛”，其中“×××××”包含该行业名称。经检索，在先案例中，国家知识产权局曾在驳回“长三角养老金融论坛”商标注册申请时认定：该商标文字作为商标注册在指定使用的金融相关服务上，易使相关公众对服务的内容等特点产生误认，属于《商标法》第10条第1款第7项所指标志。且该商标注册在指定使用的金融相关服务上，不易使相关公众将其作为商标识别，难以起到区分服务来源的作用，属于《商标法》第11条第1款第3

项所指的缺乏显著特征的标志，不得作为商标注册。

结合以上案例，本书认为C学会欲申请注册的“×××××所长论坛”可能构成《商标法》第10条第1款第7项所指带有欺骗性标志，且为《商标法》第11条第1款第3项所指的缺乏显著特征的不得注册为商标的标志。由此建议C学会放弃提交“×××××所长论坛”商标注册申请，并且如果学会需要，建议进一步改变商标构成要素，替换/增加具有显著性的文字、图形等，提高商标注册概率。

案例三：P茶叶相关学会将经过设计的，包含学会中英文全称以及“茶”文字的商标申请注册在第30类“茶；茶饮料；蜂蜜；以谷物为主的零食小吃；面条；谷类制品”等商品上。国家知识产权局经过审查认为，该等商标的显著识别部分“茶”与在先引证商标的主要认读部分“茶”的文字构成相同，且二者指定使用的茶、茶饮料等商品属于同一种或类似商品。因此，在上述商品上，申请商标与引证商标构成使用在同一种或类似商品上的近似商标，违反《商标法》第30条规定；申请商标由文字“学会全称 茶”和图形组成。申请商标包含显著识别文字“茶”，其注册使用在除茶、茶饮料商品之外的商品上，易使相关公众对商品的种类、原料等特点产生误认，属于《商标法》第10条第1款第7项所指标志，不得作为商标使用。据此，驳回P学会的商标注册申请。

P学会对上述决定不服，向北京知识产权法院提起行政诉讼。经过一审，北京知识产权法院作出判决撤销被诉决定，并责令国家知识产权局重新作出决定。原因在于：虽然引证商标包含文字“茶”，但其注册人放弃了该商标中“茶”文字的专用权，且申请商标与引证商标二者在呼叫、含义等方面存在差异，未构成近似商标。此外，在诉讼过程中，P学会放弃申请商标在茶、茶饮料以外其余商品上的注册申请。最终，P学会的商标在“茶；茶饮料”商品上获准注册。

风险提示

首先，商标无法获得注册（无法获得排他性权利），意味着不能当然限制他人使用。其次，商标使用过程中可能因为与他人在先注册商标或他人已经使用并有一定影响的商标构成近似而面临被控侵权的风险。最后，如果涉及使用《商标法》第 10 条禁用条款的标志，可能会被工商行政管理部门处以罚款。

法律分析

上述三家学会的商标申请被驳回的理由是，其所申请的标志违反了《商标法》第 10 条、第 11 条或第 30 条的相关规定，具体分析如下：

1. B 学会的商标申请违反《商标法》第 30 条规定

我国商标注册遵循申请在先原则，即两个或者两个以上的商标注册申请人，在同一种商品或者类似商品上，以相同或者近似的商标申请注册的，初步审定并公告申请在先的商标。学会的标志通常包含学会名称 / 会议名称的中文全称、中文简称、英文全称、英文简称（通常为英文全称首字母组合）以及图形部分。其中，英文简称极容易与他人在先申请或注册的商标构成近似。此时，需要学会尽早提交商标注册或者将不同的组成部分分开申请商标注册，以降低仅因个别组成部分无法获准注册而导致商标整体被驳回的风险，特别针对学会英文简称。实践中，选择分开申请还是组合申请，应当依据商标申请前的检索结果综合判断。

2. P 学会的商标申请未违反《商标法》第 30 条规定

虽然引证商标包含文字“茶”，但其注册人放弃了该商标中“茶”文字的专用权，由此引证商标权利人依法不能禁止他人对“茶”部分的正当使用。

并且申请商标除“茶”文字以外，还包含P学会的中英文全称，导致申请商标与引证商标在呼叫、含义等方面存在差异，未构成近似商标，二商标共存不会导致相关公众对商品来源的混淆。因此，最终P学会的商标申请被认定未违反《商标法》第30条规定。

3. C学会的商标申请违反《商标法》第10条规定

《商标法》第10条列举了不得作为商标使用的标志（禁用条款）。需要注意的是，此类标志不仅不能作为商标申请注册，亦不能作为商标进行使用。设立该条款的目的是禁止损害或可能损害国家尊严、社会公共利益、社会公共秩序、民族团结、宗教信仰等的标志或者违反社会善良风俗、具有其他不良影响的标志获准注册和使用。依据该条款，商标申请人的商标使用以及商标知名度通常不能作为排除该等条款的理由。但也有例外，如标志中含有与我国国家名称相同或者近似的文字，但其整体是企事业单位简称，如果具备以下条件，则不以该项禁用规定为由予以驳回：申请人主体资格应当是经国务院或其授权的机关批准设立的；申请人名称应经名称登记机关依法登记；申请标志与申请人名称的简称一致，简称经国务院或其授权机关批准；该标志经过申请人在实际中长期广泛使用，在相关公众的认知中，与申请人形成了唯一对应关系。

商标禁用条款所涉具体情形，可参考《商标法》第10条的规定。针对学会商标可能涉及的禁用情形，可能包括：（1）特定标志：我国国家名称、国旗、国徽、勋章，中央国家机关所在地特定地点的名称或者标志性建筑物的名称、图形等；政府间国际组织的名称、旗帜、徽记等；表明实施控制、予以保证的官方标志、检验印记；“红十字”“红新月”的名称、标志。（2）涉及公共利益的标志：带有欺骗性，容易使公众对商品的质量等特点或者产地产生误认的标志；含有“中华英烈网”收录的烈士姓名的商标。（3）县级以上行政区划的地名或者公众知晓的外国地名不得作为商标。

4. 如果 P 学会放弃“茶”文字的专用权，是否能够在“蜂蜜；面条”等除茶、茶饮料以外的商品上获准注册？

在商标审查实践中，无论是国家知识产权局还是各级法院均倾向于认为，虽然申请人放弃了商标组成部分的专用权，但相关公众并不能当然地知晓申请商标放弃专用权的相关情况，仍会对申请商标图形部分加以识别，且具有不良影响的标志并不因放弃其中部分构成要素的专用权而影响其性质认定。因此，如果包含显著性文字“茶”的商标注册使用在“蜂蜜；面条”等与茶无关的商品上，有可能使相关公众对商品的种类、原料等特点产生误认。因此，就算 P 学会放弃“茶”文字的专用权，也有可能因违反《商标法》第 10 条规定，而被驳回注册申请。

参考：

北京知识产权法院：（2020）京 73 行初 15518 号判决。

北京市高级人民法院：（2019）京行终 273 号判决。

国家知识产权局：商评字〔2018〕第 818 号关于第 20408047 号“大成拳放弃拳的专属性”商标驳回复审决定书。

5. C 学会的商标申请违反《商标法》第 11 条规定

《商标法》第 11 条是对商标禁止注册的规定，缺乏显著特征的标志不得作为商标注册，但并非绝对禁止，而是相对禁止，经过使用取得显著特征的可以作为商标注册。学会申请注册商标需要注意，商标不能仅包含商品或者服务的通用名称、图形、型号，没有除此以外的其他构成要素，而是与其他具有显著特征的要素组合在一起。

其中，可能被视为缺乏显著性的商标文字包含：（1）学会对应行业依照法律规定或者国家标准、行业标准等形成的通用名称，或者在相关公众的认知中已约定俗成相关市场较为固定的商品或者服务，在该相关市场内通用的称谓、图形、型号通用名称；（2）“顶级”“优秀”“一流”等表示商品或者服务的“质量”优劣程度的词汇；（3）“科普”“交流”等表示商品或者服务所发挥的作用的词汇；（4）表示生产工艺、技术特点、销售场所等的说明或描述词汇；（5）简单的线条、普通几何图形、一个或者两个普通表现形式的字母等过于简单的标志；（6）过于复杂的文字、图形、数字、字母或者其组合；（7）普通广告宣传语。

防范建议

学会在设计相关会议名称、活动名称、奖项名称、期刊名称以及其对应图形时，应当特别注意：

（1）避免使用涉及国家名称、国旗、国徽、“红十字”、“红新月”以及带有欺骗性等涉及损害公共利益的标志。对于该等标志的使用行为，可能导致学会面临相关工商行政管理部门的处罚。

（2）避免使用仅有行业通用名称、仅直接表示商品 / 服务的质量、功能及其他特点等缺乏显著性的标志。如果商标包含相对缺乏显著性的构成要素时，建议增加有设计感的图形或具有显著性的文字，作为组合商标使用并申请注册。

（3）商标申请前应聘请商标专业律师或代理机构进行申请前的检索工作，以判断该商标是否属于禁用或者缺乏显著性的情形，同时确认是否存在其他在先可能构成近似的商标。依据律师或代理机构的专业意见，对相关标志进行调整与修改后，再予以提交注册申请，从而提高商标注册的成功概率。

· 适用法条 ·

《商标法》

第十条 下列标志不得作为商标使用：

（一）同中华人民共和国的国家名称、国旗、国徽、国歌、军旗、军徽、军歌、勋章等相同或者近似的，以及同中央国家机关的名称、标志、所在地特定地点的名称或者标志性建筑物的名称、图形相同的；

（二）同外国的国家名称、国旗、国徽、军旗等相同或者近似的，但经该国政府同意的除外；

（三）同政府间国际组织的名称、旗帜、徽记等相同或者近似的，但经该组织同意或者不易误导公众的除外；

（四）与表明实施控制、予以保证的官方标志、检验印记相同或者近似的，但经授权的除外；

（五）同“红十字”、“红新月”的名称、标志相同或者近似的；

（六）带有民族歧视性的；

（七）带有欺骗性，容易使公众对商品的质量等特点或者产地产生误认的；

（八）有害于社会主义道德风尚或者有其他不良影响的。

县级以上行政区划的地名或者公众知晓的外国地名，不得作为商标。但是，地名具有其他含义或者作为集体商标、证明商标组成部分的除外；已经注册的使用地名的商标继续有效。

第十一条 下列标志不得作为商标注册：

（一）仅有本商品的通用名称、图形、型号的；

（二）仅直接表示商品的质量、主要原料、功能、用途、重量、数量及其他特点的；

（三）其他缺乏显著特征的。

前款所列标志经过使用取得显著特征，并便于识别的，可以作为商标注册。

第十二条　以三维标志申请注册商标的，仅由商品自身的性质产生的形状、为获得技术效果而需有的商品形状或者使商品具有实质性价值的形状，不得注册。

第三十条　申请注册的商标，凡不符合本法有关规定或者同他人在同一种商品或者类似商品上已经注册的或者初步审定的商标相同或者近似的，由商标局驳回申请，不予公告。

（三）学会品牌资产权属不清

典型案例

2018年D学会作为主办单位，举办了行业内一项重要活动。自2019年起，D学会便以协办方的名义与某省的地方学会合办该活动。其间，该地方学会未经D学会同意，将该活动名称作为商标申请注册。该活动已举办多年，在行业内具有了较高的知名度与影响力。近年来，地方学会在举办活动的过程中，多次表达了不想再让D学会参与的意愿。D学会遂咨询律师该如何处理。

风险提示

学会品牌资产权属不清可能导致：（1）内部管理混乱，学会下属的各部门或者分支机构之间产生商标审查层面的权利冲突；（2）学会可能丧失品牌的管理权，导致品牌资产流失。

法律分析

任何自然人、法人或者其他组织，依据自身需要，均有权申请注册商标。在没有特殊程序的情况下（如商标转让程序），商标核准注册之后，商标申请人即为商标所有权人。

学会品牌资产权属不清主要涉及两个方面：（1）学会内部无法确认由哪个主体或者部门作为申请主体提交商标注册申请；（2）学会在与外部机构合作过程中，是否应当作为申请主体，针对合作过程中所涉及的标志，提交商标注册申请。

（1）学会内部的商标申请主体

通常情况下，学会作为品牌资产的所有人，应当作为申请主体针对学会品牌资产所涉及的相关标志提交注册申请，便于学会内部的统一管理。学会作为商标持有人，可以通过授权的方式，许可下属部门、分会或其他合作机构对品牌标志进行使用。

但如果出于其他特殊考虑，学会的下属机构也可以提交商标注册申请，但该下属机构必须为独立法人或非法人组织。调研中，笔者发现该类特殊情况多数为期刊杂志名称的商标注册申请，由学会下属的期刊杂志社或编辑部作为申请主体。

（2）学会与外部合作中的商标申请主体

上述案例中 D 学会遇到的问题，正是与外部合作过程中，学会没有主动申请商标注册，从而丧失对于学会打造的品牌资产的管理权。如果学会不能掌握对品牌资产管理的主动权，可能会面临“为他人作嫁衣”的意外情形。

在可能的情况下，学会应当主动以学会的名义，对合作过程中产生的知识产权进行相应的申请或登记，比如将项目名称进行商标注册申请，将相关的文字或美术作品等进行著作权登记。特别是当学会是项目合作的主要负责方时，更应当将品牌资产的申请 / 登记在学会名下。如果作为协助方，学会也应当尽量争取与合作方共同享有相关知识产权。

防范建议

学会应当建立相应的品牌资产管理体系，规定品牌资产的归属。具体可以包括：

对内管理中，学会应当作为申请人，对品牌资产所涉及的标志提交商标申请，并作为最终的权利人，以授权的方式许可下属部门、分会或外部机构等进行合规合理的使用。即使存在特殊情形，也建议学会作为共同申请人与其他下属机构共同提交商标注册申请。

对外合作中，学会应当在合作初始，即与相关合作方签订的合同中约定知识产权的归属。如果学会是合作项目的主要负责方，则学会应当争取以自己的名义提交相关的商标申请；如果学会只是参与人，则应当争取与其他合作方作为商标申请的共同申请人；如果学会无法最终作为共同申请人持有相关知识产权，则应当争取获得项目进行中及之后针对相关知识产权的无偿使用权。

· 适用法条 ·

《商标法》

第四条　自然人、法人或者其他组织在生产经营活动中，对其商品或者服务需要取得商标专用权的，应当向商标局申请商标注册。不以使用为目的的恶意商标注册申请，应当予以驳回。

本法有关商品商标的规定，适用于服务商标。

第五条　两个以上的自然人、法人或者其他组织可以共同向商标局申请注册同一商标，共同享有和行使该商标专用权。

二、注册商标维护过程中的法律风险分析

（一）学会逾期未续展注册商标导致商标无效

典型案例

E 学会的注册商标，因未续展而无效。

风险提示

权利人在获得商标注册权后需要专门维护以及监测其名下商标，并在注册期届满前申请续展。否则，学会将丧失来之不易的商标专用权，并且基于该商标而积累或计划建立的学会品牌价值与声誉等也将缺乏以注册商标为权利基础的法律保护。这将进一步使学会日常工作中的商标使用行为缺乏权利基础而陷入各种不确定性。此外，后续补充提交的商标注册申请作为独立的商标申请，可能面临基于各种理由的被驳回风险。

法律分析

根据《商标法》第 39 条、第 40 条的规定，注册商标的有效期为 10 年，自核准注册之日起计算。商标注册人可以在期满前 12 个月申请续展。在此期间未能办理的，注册商标将进入 6 个月的宽展期。注册人在宽展期内申请续展的，应当缴纳相应的宽展费用。每次续展注册有效期为 10 年。期满未办理续展手续的，注册商标将无效。

防范建议

学会获得商标注册权后，应当将对商标的维护工作作为学会日常程序性事务勤加监测。而现阶段学会的主要人力物力集中于其特色主体业务，尚未形成针对商标的专门制度。因此，建议学会委托专业的代理机构完成商标相关业务，借其成熟的流程制度监测学会商标状态，避免商标到期未续展或者其他因送达不能导致的商标无效。

· 适用法条 ·

《商标法》

第三十九条　注册商标的有效期为十年，自核准注册之日起计算。

第四十条　注册商标有效期满，需要继续使用的，商标注册人应当在期满前十二个月内按照规定办理续展手续；在此期间未能办理的，可以给予六个月的宽展期。每次续展注册的有效期为十年，自该商标上一届有效期满次日起计算。期满未办理续展手续的，注销其注册商标。

商标局应当对续展注册的商标予以公告。

（二）学会连续 3 年未对注册商标合规使用导致商标无效

典型案例

案例一：F 协会的注册商标被他人提起注册商标连续 3 年不使用撤销申请。经过审查，协会未能证明在指定的 3 年内在核定商品 / 服务上使用了该等商标，国家知识产权局从而决定撤销商标注册。

案例二：L 学会的注册商标被他人提起注册商标连续 3 年不使用撤销

申请。由于学会未收到《关于提供注册商标使用证据的通知》，国家知识产权局决定对其公告送达。后续《关于撤销连续三年未使用商标的决定》也存在退信，只能通过公告方式送达。现该商标已经被全部撤销注册。

风险提示

如果学会缺乏对商标的合法合规性使用，可能导致学会名下已注册商标的无效。此外，学会存在因缺乏专门的商标管理制度，而不能实时监测名下商标法律状态，或适时收取国家知识产权局发出的相关文件，导致商标被撤销等情形。而丧失商标专用权将进一步使学会日常工作中的商标使用缺乏权利基础而陷入不确定性。虽然后续可以补充提交新的商标注册申请，但其作为独立的商标申请，可能面临基于各种理由的被驳回风险。

法律分析

基于《商标法》，商标注册权利稳定性可能因权利人的不规范使用而受影响，具体包括：

（1）根据《商标法》第49条的规定，商标注册人在使用注册商标的过程中，自行改变注册商标、注册人名义、地址或者其他注册事项的，由地方工商行政管理部门责令限期改正；期满不改正的，由商标局撤销其注册商标。

（2）注册商标连续3年不使用撤销程序。根据《商标法》第49条的规定，任何单位或者个人可以针对注册满3年的商标提起连续3年不使用撤销申请。面临该等申请的商标注册人，应当向国家知识产权局提交商标使用材料，以证明注册商标在3年内规范使用于核定商品/服务上。实务中，诸多商标权利人因未规范使用，或者因缺乏对商标使用证据有效性的判断能力，从而提交不具备证明力的材料，最终导致商标注册被予以撤销。有效的商标使用应当符合《商标法》第 48 条的规定，具体体现在：

将商标附着在商品、商品包装、容器、标签等上，或者使用在商品附加标牌、产品说明书、价目表等上；商标直接使用于服务场所，包括使用于服务的介绍手册、服务场所招牌、店堂装饰、工作人员服饰、招贴、菜单、奖券、办公文具、信笺以及其他与指定服务相关的用品上；商标使用在与商品销售有联系的交易文书上，包括使用在商品销售合同、发票、票据、收据、商品进出口检验检疫证明、报关单据、电子商务经营的交易单据或者交易记录等上；商标使用于和服务有联系的文件资料上，如发票、汇款单据、提供服务协议、维修维护证明、电子商务经营的交易单据或者交易记录等；商标使用在广播、电视、互联网等媒体上，或者在公开发行的出版物中发布，以及以广告方式为商标或者使用商标的商品 / 服务进行的广告宣传；商标在展览会、博览会上使用，包括但不限于在展会印刷品及其他资料、工牌、指示牌和背景牌等处用于指示商品和服务来源的使用；商标使用体现在国家机关、检测或鉴定机构及行业组织出具的法律文书、证明文书上；其他符合法律规定的商标使用形式。

商标不存在连续 3 年不使用情形的举证责任由商标注册人承担，证据材料应当符合以下要求：能够显示出使用的商标标志；能够显示出商标使用在指定使用的商品或者服务上；能够显示出商标的使用人，既包括商标注册人自己，也包括商标注册人许可的他人以及其他不违背商标权人意志使用商标的人。如许可他人使用的，应当能够证明许可使用关系的存在；能够显示出商标的使用日期，且应当在自撤销申请之日起向前推算 3 年内；能够证明商标在《商标法》效力所及地域范围内的使用。

（3）撤销成为商品服务通用名称注册商标程序。根据《商标法》第 49 条的规定，注册商标成为核定使用商品 / 服务的通用名称，任何人可以向国家知识产权局提出撤销该注册商标的申请。注册商标一旦成为核定使用商品 / 服务的通用名称，便意味着原本具有商标显著特征的注册商标，在市场实际使用过程中，退化为核定使用商品 / 服务的通用名称。

防范建议

学会应当首先确保建立内部商标管理制度，或者委托专业的代理机构，实时监测学会名下商标的法律状态，以确保商标被他人主张权利时学会能够及时响应。其次学会需要规范使用注册商标，不随意改变其形态或者商标相关信息，需要改变商标形态的，应当重新提出注册申请；需要改变商标注册人名义、地址等事项的应当视情况向国家知识产权局申请商标转让，或者申请信息变更。如果许可他人使用，应当将商标使用许可报国家知识产权局备案，并在专业律师的协助下，通过商标许可使用协议等充分约定相关权利义务。学会在日常协议、发票、活动现场、媒体平台以及广告投放中积极使用注册商标，并且及时收集留存上述使用证据，以应对可能的注册商标连续 3 年不使用撤销申请程序。

此外，作为商标注册人，应当在使用过程中注意发挥商标区分商品 / 服务来源的功能，而不是不同商品 / 服务。实践中可以通过标 ™（表示该标志为“商标性使用”）或 ®（表示该标志为已注册商标）避免学会商标被淡化，成为相关商品服务的通用名称。

· 适用法条 ·

《商标法》

第二十四条　注册商标需要改变其标志的，应当重新提出注册申请。

第四十八条　本法所称商标的使用，是指将商标用于商品、商品包装或者容器以及商品交易文书上，或者将商标用于广告宣传、展览以及其他商业活动中，用于识别商品来源的行为。

第四十九条　商标注册人在使用注册商标的过程中，自行改变注册商标、注册人名义、地址或者其他注册事项的，由地方工商行政管理部门责令限期改正；期满不改正的，由商标局撤销其注册商标。

注册商标成为其核定使用的商品的通用名称或者没有正当理由连续三年不使用的，任何单位或者个人可以向商标局申请撤销该注册商标。商标局应当自收到申请之日起九个月内做出决定。有特殊情况需要延长的，经国务院工商行政管理部门批准，可以延长三个月。

三、学会品牌资产授权过程中的风险分析

典型案例

G 学会内部没有专门针对学会品牌资产管理的规章制度，2021 年 G 学会下属部门与外部合作时需要使用学会的名称和图形标志等，当时获得 G 学会相关领导的口头批准。2022 年，该下属部门因相同项目继续与外部合作，未获得G学会批准，甚至在未告知G学会的情况下，自行使用了学会的品牌资产。G 学会认为有必要形成关于学会品牌资产授权的规章制度，以明确授权流程以及其他实体问题。

风险提示

学会缺乏对品牌资产授权使用的规定意味着学会没有现成的管理制度能够指导或规范学会品牌使用行为，对内导致各部门合作不协调、不配套，且不利于明确责任主体。也正因为学会内部未形成体系化管理制度，不能有效规范与监督外部机构针对学会品牌资产的合法合规性使用。由此可能导致外

部合作机构在使用学会品牌资产的过程中，违反学会的原则标准，甚至钻制度的空子，从而给学会带来一系列不必要的法律风险。

法律分析

依据《商标法》第 43 条的规定，学会对外的品牌授权，通常指注册商标的对外使用许可。在此基础上，学会作为许可人，承担对商品 / 服务质量的监督责任。并且许可他人使用注册商标的，许可人应当将其商标使用许可报商标局备案，由商标局公告。商标使用许可未经备案不得对抗善意第三人。而学会内部的品牌资产授权，可以参照学会的相应管理制度予以规制。

目前学会面临的普遍问题是，均没有建立针对学会品牌资产授权使用的相关制度，缺乏管理规则，无法保证在授权过程中的合法性和合规性，从而导致在内部和外部授权过程中面临较大的法律风险。

防范建议

学会应当结合内部规章制度形成关于学会品牌授权程序以及实体相关的管理规定，以协调职能部门，明确责任主体，保护学会无形资产，维护学会信誉。同时，学会应当建立专门的法律支持体系，比如设置法务岗位、聘请法律顾问，以形成内外联动的机制，更好地维护学会的合法权益。

学会除对内形成关于授权流程的管理制度之外，针对对外品牌资产授权实体问题，也应当根据《商标法》的立法原则，以及《商标注册证》上记载的商标信息，以《授权许可合同》的方式，与被授权方进行逐一约定，合同至少应当包括以下内容：

- 授权商标图样、授权商标注册号、商标授权许可使用的商品 / 服务（全部 / 部分核定商品 / 服务）等基本信息；

- 授权许可时间；
- 授权许可类型（普通许可、独占许可、排他许可）；
- 授权许可地域范围（国内为限）；
- 授权许可使用场景及其形态（商品包装、容器、标签、产品说明书、价目表、介绍手册、服务场所招牌、店堂装饰、工作人员服饰、招贴、菜单、奖券、办公文具、信笺、销售合同、发票、票据、收据、商品进出口检验检疫证明、报关单据、电子商务经营的交易单据或者交易记录、广播、电视、互联网等媒体上、出版物、广告、展览会、博览、检测或鉴定机构及行业组织出具的法律文书、证明文书等）；
- 针对商品 / 服务的品质规范条款（必须在使用注册商标的商品上标明被许可人的名称和商品产地等）；
- 知识产权权属、审计条款。

· 适用法条 ·

《商标法》

第四十三条　商标注册人可以通过签订商标使用许可合同，许可他人使用其注册商标。许可人应当监督被许可人使用其注册商标的商品质量。被许可人应当保证使用该注册商标的商品质量。

经许可使用他人注册商标的，必须在使用该注册商标的商品上标明被许可人的名称和商品产地。

许可他人使用其注册商标的，许可人应当将其商标使用许可报商标局备案，由商标局公告。商标使用许可未经备案不得对抗善意第三人。

《商标一般违法判断标准》

第二十条　有下列情形之一的，均属《商标法》第四十九条第一款规定的自行改变商标注册事项：

（一）商标注册人名义（姓名或者名称）发生变化后，未依法向国家知识产权局提出变更申请的；

（二）商标注册人地址发生变化后，未依法向国家知识产权局提出变更申请，或者商标注册人实际地址与《商标注册簿》上记载的地址不一致的；

（三）除商标注册人名义、地址之外的其他注册事项发生变化后，商标注册人未依法向国家知识产权局提出变更申请的。

四、学会品牌资产维权过程中的风险点分析

（一）学会品牌资产被他人抢注为商标

典型案例

案例一：H 学会创办的期刊在行业内具备较高的知名度，但 H 学会从未将期刊名称作为商标注册。办刊期间发现期刊名称的商标已被他人注册在第 16 类“期刊、杂志”等商品上。

案例二：北京市朝阳区人民法院在（2016）京 0105 民初 ××××× 号关于 M 公司诉 N 学会、某公司不正当竞争纠纷案中认定：（1）M 公司与 N 学会曾于 2006 年至 2012 年共同组织召开 4 次“abcd- 中国 efg 大会”。活动中，N 学会为主办单位，负责大会的整体策划、全面协调、会务组织及论文征集等工作，属于该行业同类展览的主要工作；M 公司仅负责大会宣传、招商、招展工作及争取有关单位的赞助费用等，属于具体筹办的辅助性工作。（2）2011 年，M 公司将“abcd”申请注册为商标，指定在第 41 类的“安排和组织大会”等项目上，并于 2012 年注册成功。某公司和 N 学会于 2016 年 9 月举办“2016（第六届）中国国际 ××× 系统大会暨

展览”，展览会名称为“原 abcd- 中国 efg 大会”，M 公司遂提起商标侵权及不正当竞争之诉。（3）法院经审查认为，M 公司在 2012 年二者关系尚未破裂、共同合作举办展览期间，未经 N 学会同意，私自将前期二者共同举办展览所用名称“abcd”作为商标注册在自己名下，有失妥当。且 N 学会是大会的发起者和主办方，其对外宣传自己是“原 abcd- 中国 efg 大会暨展览”举办方、“迄今已成功举办五届”等是对客观事实的描述，二者之间确有渊源关系，故不违反诚实信用原则。从而驳回 M 公司诉讼请求。（4）经查，目前“abcd”商标仍在 M 公司名下。

风险提示

学会品牌资产被他人抢注为商标，会导致学会对自身品牌资源的使用面临被控侵权的风险，且学会无论是通过打击维权还是商标转让途径夺回商标权，均需要投入较多的成本，由此可能进一步影响主体业务的正常推进。

法律分析

依据《商标法》第 57 条的规定，侵犯他人注册商标专用权，须承担相应的侵权责任。如学会品牌资产被他人抢注为商标，则学会将面临可能的商标侵权风险。同时，如果商标抢注人结合其注册的商标冒用学会名义对外运营，不但会导致学会声誉受损，还可能给学会带来不必要的法律风险。在此情况下，学会作为权利人必须积极维护自身权利，通常可以通过以下途径进行：

（1）商标异议申请。根据《商标法》第 33 条的规定，针对已经初步审定公告的商标，自公告之日起 3 个月内，可以向商标局提出异议，提出异议的法律依据包括：

①在先权利人、利害关系人认为已初审公告商标侵犯驰名商标权（《商

标法》第13条第2款、第3款），或构成代理人/代表人/特定关系人抢注（《商标法》第15条），或认为商标含误导性地理标志（《商标法》第16条第1款），与在先商标构成相同/类似商品/服务上的相同/近似商标（《商标法》第30条、第31条），或侵犯在先字号权/著作权/外观设计专利/姓名权/肖像权等在先权益或抢先注册他人已经使用并有一定影响的商标权（《商标法》第32条）；

②任何人认为已初审公告商标为不以使用为目的的恶意申请（《商标法》第4条），或为可能损害国家尊严、社会公共利益等的禁止使用标志（《商标法》第10条），或为缺乏显著特征的禁止注册标志（《商标法》第11条、第12条），或为代理机构超范围申请（《商标法》第19条第4款）。

程序上，根据《商标法》第35条的规定，国家知识产权局经过审查，对被异议商标作出准予注册决定的，发给商标注册证，并予公告。异议人不服的，可以依照《商标法》第44条、第45条的规定请求宣告该注册商标无效。国家知识产权局作出不予注册决定，被异议人不服的，可以在法定期限内申请不予注册复审。被异议人对国家知识产权局作出的复审决定不服的，可以进一步向人民法院起诉。

（2）商标公告期满无异议的，或者经过商标异议程序被准予注册的商标将予以核准注册，发给商标注册证，并予公告。针对已注册商标，在先权利人可以根据《商标法》第44条、第45条申请注册商标无效宣告。就法律依据而言，申请注册商标无效宣告与上述申请商标异议程序基本一致。虽然《商标法》第44条规定，任何人认为已注册商标以欺骗手段或者其他不正当手段取得注册的，可以申请该商标无效，而《商标法》第33条没有此规定，但是申请商标注册应当遵守诚实信用原则，因此实务中该等规定所体现的标准亦在商标异议和不予注册复审程序中得到相应参照。

程序上，根据《商标法》第45条的规定，国家知识产权局针对注册商标作出的维持注册商标或者宣告注册商标无效的裁定，当事人对裁定不服的，可以在法定期限内向人民法院起诉。

（3）针对注册已满3年的抢注商标，学会亦可以根据《商标法》第49条的规定，申请注册商标连续3年不使用撤销。由于大部分商标抢注者主观上并没有商标使用意图，而是试图通过出售抢注商标从而获利，因此，如权利人认为其申请注册商标无效宣告的法律依据尚且没有充分的证据予以支持，则可以适时提起针对抢注商标的连续3年不使用撤销申请。

程序上，根据《商标法》第54条的规定，国家知识产权局对商标作出撤销或者不予撤销注册的决定，当事人不服的，可以在法定期限内申请撤销复审。当事人对撤销复审决定不服的，可以进一步向人民法院起诉。

防范建议

学会品牌资产被他人抢注为商标，实际为学会没有将其注册为自身商标的不利后果之一。因此，学会首要的防范措施应当体现在及时、尽早将学会品牌资产注册为商标，不给投机者可乘之机，从源头上防范抢注风险，减少不必要的资源浪费。

如果学会一旦发现其品牌资产被他人抢注为商标，应当积极维权，通过商标异议、商标无效宣告程序以及商标连续3年不使用撤销等程序争取排除恶意抢注商标。同时，学会应当同步申请注册相关商标，以保证排除障碍后，学会的商标及时获权。

同时，如果双方自愿转让商标，学会可以将转让获得商标权的途径纳入考虑范围。但是，申请商标注册应当遵守诚实信用原则，买卖商标可能助长抢注之不良社会风气。因此，除非抢注者自愿将商标免费转让至学会名下，否则买卖商标不值得提倡。

· 适用法条 ·

《商标法》

第五十七条　有下列行为之一的，均属侵犯注册商标专用权：

（一）未经商标注册人的许可，在同一种商品上使用与其注册商标相同的商标的；

（二）未经商标注册人的许可，在同一种商品上使用与其注册商标近似的商标，或者在类似商品上使用与其注册商标相同或者近似的商标，容易导致混淆的；

（三）销售侵犯注册商标专用权的商品的；

（四）伪造、擅自制造他人注册商标标志或者销售伪造、擅自制造的注册商标标识的；

（五）未经商标注册人同意，更换其注册商标并将该更换商标的商品又投入市场的；

（六）故意为侵犯他人商标专用权行为提供便利条件，帮助他人实施侵犯商标专用权行为的；

（七）给他人的注册商标专用权造成其他损害的。

第四条　自然人、法人或者其他组织在生产经营活动中，对其商品或者服务需要取得商标专用权的，应当向商标局申请商标注册。不以使用为目的的恶意商标注册申请，应当予以驳回。

本法有关商品商标的规定，适用于服务商标。

第七条　申请注册和使用商标，应当遵循诚实信用原则。

商标使用人应当对其使用商标的商品质量负责。各级工商行政管理部门应当通过商标管理，制止欺骗消费者的行为。

第十三条　为相关公众所熟知的商标，持有人认为其权利受到侵害时，可以依照本法规定请求驰名商标保护。

就相同或者类似商品申请注册的商标是复制、摹仿或者翻译他人未在中国注册的驰名商标，容易导致混淆的，不予注册并禁止使用。

就不相同或者不相类似商品申请注册的商标是复制、摹仿或者翻译他人已经在中国注册的驰名商标，误导公众，致使该驰名商标注册人的利益可能受到损害的，不予注册并禁止使用。

第十五条　未经授权，代理人或者代表人以自己的名义将被代理人或者被代表人的商标进行注册，被代理人或者被代表人提出异议的，不予注册并禁止使用。

就同一种商品或者类似商品申请注册的商标与他人在先使用的未注册商标相同或者近似，申请人与该他人具有前款规定以外的合同、业务往来关系或者其他关系而明知该他人商标存在，该他人提出异议的，不予注册。

第三十条　申请注册的商标，凡不符合本法有关规定或者同他人在同一种商品或者类似商品上已经注册的或者初步审定的商标相同或者近似的，由商标局驳回申请，不予公告。

第三十一条　两个或者两个以上的商标注册申请人，在同一种商品或者类似商品上，以相同或者近似的商标申请注册的，初步审定并公告申请在先的商标；同一天申请的，初步审定并公告使用在先的商标，驳回其他人的申请，不予公告。

第三十二条　申请商标注册不得损害他人现有的在先权利，也不得以不正当手段抢先注册他人已经使用并有一定影响的商标。

第三十三条　对初步审定公告的商标，自公告之日起三个月内，在先权利人、利害关系人认为违反本法第十三条第二款和第三款、第十五条、第十六条第一款、第三十条、第三十一条、第三十二条规定的，或者任何人认为违反本法第四条、第十条、第十一条、第十二条、第十九条第四款规定的，可以向商标局提出异议。公告期满无异议的，予以核准注册，发给商标注册证，并予公告。

第四十四条　已经注册的商标，违反本法第四条、第十条、第十一条、第十二条、第十九条第四款规定的，或者是以欺骗手段或者其他不正当手段取得注册的，由商标局宣告该注册商标无效；其他单位或者个人可以请求商标评审委员会宣告该注册商标无效。

商标局做出宣告注册商标无效的决定，应当书面通知当事人。当事人对商标局的决定不服的，可以自收到通知之日起十五日内向商标评审委员会申请复审。商标评审委员会应当自收到申请之日起九个月内做出决定，并书面通知当事人。有特殊情况需要延长的，经国务院工商行政管理部门批准，可以延长三个月。当事人对商标评审委员会的决定不服的，可以自收到通知之日起三十日内向人民法院起诉。

其他单位或者个人请求商标评审委员会宣告注册商标无效的，商标评审委员会收到申请后，应当书面通知有关当事人，并限期提出答辩。商标评审委员会应当自收到申请之日起九个月内做出维持注册商标或者宣告注册商标无效的裁定，并书面通知当事人。有特殊情况需要延长的，经国务院工商行政管理部门批准，可以延长三个月。当事人对商标评审委员会的裁定不服的，可以自收到通知之日起三十日内向人民法院起诉。人民法院应当通知商标裁定程序的对方当事人作为第三人参加诉讼。

第四十五条　已经注册的商标，违反本法第十三条第二款和第三款、第十五条、第十六条第一款、第三十条、第三十一条、第三十二条规定的，自商标注册之日起五年内，在先权利人或者利害关系人可以请求商标评审委员会宣告该注册商标无效。对恶意注册的，驰名商标所有人不受五年的时间限制。

商标评审委员会收到宣告注册商标无效的申请后，应当书面通知有关当事人，并限期提出答辩。商标评审委员会应当自收到申请之日起十二个月内做出维持注册商标或者宣告注册商标无效的裁定，并书面通知当事人。

有特殊情况需要延长的，经国务院工商行政管理部门批准，可以延长六个月。当事人对商标评审委员会的裁定不服的，可以自收到通知之日起三十日内向人民法院起诉。人民法院应当通知商标裁定程序的对方当事人作为第三人参加诉讼。

商标评审委员会在依照前款规定对无效宣告请求进行审查的过程中，所涉及的在先权利的确定必须以人民法院正在审理或者行政机关正在处理的另一案件的结果为依据的，可以中止审查。中止原因消除后，应当恢复审查程序。

（二）学会品牌标志使用不当导致侵权

典型案例

案例一：I 学会组织主办相关行业研讨会时，为会议选择了包含“JK”二字的名称。同时 I 学会委托设计公司对该名称进行了艺术设计。I 学会与设计公司的委托合同中并未就设计成果的知识产权归属以及可能存在侵权责任予以明确。研讨会以线下方式举办，同时通过某视频平台进行直播。会议举行的第 3 天，I 学会收到了 W 公司和 Z 公司的《律师函》。W 公司主张 I 学会侵犯其在第 41 类“安排和组织学术讨论会”服务项目上的“JK”注册商标的商标专用权；Z 公司主张其对经过设计的会议名称所使用的字体享有著作权。两家公司均要求 I 学会立即停止使用侵权标志和字体，并承担相应的赔偿责任。

案例二：黑龙江省哈尔滨市中级人民法院在（2016）黑 01 民初 ××× 号关于 Q 医院诉 R 学会门诊部不正当竞争纠纷案中认定：（1）R 学会门诊部以经营为目的，在网站中使用竞争对手 Q 医院的字号、院长姓名及企业简介、企业业绩、企业装饰装潢图片等为自身进行对外宣传，足以误导消费者，使消费者对门诊部与Q医院之间的关系产生模糊判断和误解，认为R学会门诊部与Q医院之间存在合作关系或其他关联关系，进而干扰消费者的就医选择，影响竞争秩序。（2）R学会门诊部在涉案网站使用他人姓名及采用引人误解的方式对其医疗服务进行宣传的行为，利用了Q医院的知名度，攀附了Q医院的商誉，构成不正当竞争。由此判令R学会门诊部停止在其网站中的不正当竞争行为，在网站首页刊登消除影响声明，并赔偿原告Q医院的合理支出5万元。

风险提示

学会日常活动中对品牌标志的使用不当会导致侵犯第三人包括商标权、著作权以及专利权等知识产权，学会可能面临：（1）行政处罚；（2）承担包括停止侵权、赔礼道歉以及赔偿损失等在内的民事侵权责任；（3）情节严重的，可能构成犯罪。如果发生此类情形，会严重损害学会的声誉，并产生极其不良的社会影响。

法律分析

案例一分别涉及注册商标以及著作权侵权行为，由此导致学会可能承担行政、民事乃至刑事责任。案例二则是学会日常使用中随意使用他人企业简介、企业业绩、企业装饰装潢图片等为自身进行对外宣传，误导消费者，构成不正当竞争情形。

（1）关于学会侵犯他人注册商标专用权

案例一中I学会未进行相关检索，其并不知晓W公司拥有“JK”商标的专用权。由于I学会确定的研讨会名称完整包含了“JK”二字，与W公司拥有的“JK”注册商标构成近似；W公司的“JK”商标核定使用在“安排和组织学术讨论会”服务项目上，I学会主办研讨会的行为落入W公司所享有的“JK”注册商标专用权的保护范围之内，构成商标侵权。在此情形下，I学会可能面临：①工商行政管理部门作出的责令停止侵权及处以相应罚款的措施；②如W公司向人民法院起诉，并且法院认定侵权行为成立的，则I学会除承担停止侵权、赔礼道歉等责任外，还可能承担损害赔偿责任。

（2）关于学会侵犯他人著作权

如果Z公司确实享有针对研讨会名称所使用字体的著作权，则I学会未经Z公司授权，使用其享有著作权的字体的行为，构成对Z公司的著作权侵权。此类事件近年间层出不穷，字体著作权人通过前期放任使用，后期大量打假的方式实现销售的目的。虽然此种方式并不值得提倡，但依据相关法律规定，使用人未经授权的使用行为，确实侵犯了著作权人的相关合法权利。

同时，案例一中，I学会也并未与设计公司就研讨会名称设计产生的知识产权问题进行约定。由此可能导致I学会向Z公司承担赔偿责任后，不能顺利依照合同约定再向设计公司追偿。

（3）关于学会不正当竞争

案例二中R学会门诊部以经营为目的，在网站中使用竞争对手的相关介绍、业绩以及装潢设计等，目的在于攀附竞争对手的知名度，宣传自身，以误导消费者。该等不正当竞争行为影响了竞争秩序。由此，法院判令R学会门诊部停止不正当竞争行为，在网站首页刊登消除影响声明，并赔偿原告Q医院的合理支出5万元。只是原告Q医院系个体工商户而非自然人，依法不适用赔礼道歉的民事责任承担方式。

防范建议

学会为防止在日常活动中无意侵犯其他知识产权人的合法权利，应当在构思设计相关品牌资产时委托专业律师或代理机构，利用其专业检索工具，尽可能检索可能构成近似而面临侵权风险的商标以及其他标志，并对可能存在的侵权风险进行进一步的评估。在与外部公司签订委托协议时，应特别约定，由设计公司保证其设计原创性，且不会侵犯他人相关权利。同时，要对出现侵权行为后的责任承担予以明确。

·适用法条·

《商标法》

第五十六条　注册商标的专用权，以核准注册的商标和核定使用的商品为限。

第五十七条　有下列行为之一的，均属侵犯注册商标专用权：

（一）未经商标注册人的许可，在同一种商品上使用与其注册商标相同的商标的；

（二）未经商标注册人的许可，在同一种商品上使用与其注册商标近似的商标，或者在类似商品上使用与其注册商标相同或者近似的商标，容易导致混淆的；

（三）销售侵犯注册商标专用权的商品的；

（四）伪造、擅自制造他人注册商标标识或者销售伪造、擅自制造的注册商标标识的；

（五）未经商标注册人同意，更换其注册商标并将该更换商标的商品又投入市场的；

（六）故意为侵犯他人商标专用权行为提供便利条件，帮助他人实施侵犯商标专用权行为的；

（七）给他人的注册商标专用权造成其他损害的。

第六十条　有本法第五十七条所列侵犯注册商标专用权行为之一，引起纠纷的，由当事人协商解决；不愿协商或者协商不成的，商标注册人或者利害关系人可以向人民法院起诉，也可以请求工商行政管理部门处理。

工商行政管理部门处理时，认定侵权行为成立的，责令立即停止侵权行为，没收、销毁侵权商品和主要用于制造侵权商品、伪造注册商标标识的工具，违法经营额五万元以上的，可以处违法经营额五倍以下的罚款，没有违法经营额或者违法经营额不足五万元的，可以处二十五万元以下的罚款。对五年内实施两次以上商标侵权行为或者有其他严重情节的，应当从重处罚。销售不知道是侵犯注册商标专用权的商品，能证明该商品是自己合法取得并说明提供者的，由工商行政管理部门责令停止销售。

对侵犯商标专用权的赔偿数额的争议，当事人可以请求进行处理的工商行政管理部门调解，也可以依照《中华人民共和国民事诉讼法》向人民法院起诉。经工商行政管理部门调解，当事人未达成协议或者调解书生效后不履行的，当事人可以依照《中华人民共和国民事诉讼法》向人民法院起诉。

第六十一条　对侵犯注册商标专用权的行为，工商行政管理部门有权依法查处；涉嫌犯罪的，应当及时移送司法机关依法处理。

第六十二条　县级以上工商行政管理部门根据已经取得的违法嫌疑证据或者举报，对涉嫌侵犯他人注册商标专用权的行为进行查处时，可以行使下列职权：

（一）询问有关当事人，调查与侵犯他人注册商标专用权有关的情况；

（二）查阅、复制当事人与侵权活动有关的合同、发票、账簿以及其他有关资料；

（三）对当事人涉嫌从事侵犯他人注册商标专用权活动的场所实施现场检查；

（四）检查与侵权活动有关的物品；对有证据证明是侵犯他人注册商标专用权的物品，可以查封或者扣押。

工商行政管理部门依法行使前款规定的职权时，当事人应当予以协助、配合，不得拒绝、阻挠。

在查处商标侵权案件过程中，对商标权属存在争议或者权利人同时向人民法院提起商标侵权诉讼的，工商行政管理部门可以中止案件的查处。中止原因消除后，应当恢复或者终结案件查处程序。

第六十三条　侵犯商标专用权的赔偿数额，按照权利人因被侵权所受到的实际损失确定；实际损失难以确定的，可以按照侵权人因侵权所获得的利益确定；权利人的损失或者侵权人获得的利益难以确定的，参照该商标许可使用费的倍数合理确定。对恶意侵犯商标专用权，情节严重的，可以在按照上述方法确定数额的一倍以上五倍以下确定赔偿数额。赔偿数额应当包括权利人为制止侵权行为所支付的合理开支。

人民法院为确定赔偿数额，在权利人已经尽力举证，而与侵权行为相关的账簿、资料主要由侵权人掌握的情况下，可以责令侵权人提供与侵权行为相关的账簿、资料；侵权人不提供或者提供虚假的账簿、资料的，人民法院可以参考权利人的主张和提供的证据判定赔偿数额。

权利人因被侵权所受到的实际损失、侵权人因侵权所获得的利益、注册商标许可使用费难以确定的，由人民法院根据侵权行为的情节判决给予五百万元以下的赔偿。

人民法院审理商标纠纷案件，应权利人请求，对属于假冒注册商标的商品，除特殊情况外，责令销毁；对主要用于制造假冒注册商标的商品的材料、工具，责令销毁，且不予补偿；或者在特殊情况下，责令禁止前述材料、工具进入商业渠道，且不予补偿。

假冒注册商标的商品不得在仅去除假冒注册商标后进入商业渠道。

第六十四条　注册商标专用权人请求赔偿，被控侵权人以注册商标专用权人未使用注册商标提出抗辩的，人民法院可以要求注册商标专用权人提供此前三年内实际使用该注册商标的证据。注册商标专用权人不能证明此前三年内实际使用过该注册商标，也不能证明因侵权行为受到其他损失的，被控侵权人不承担赔偿责任。

销售不知道是侵犯注册商标专用权的商品，能证明该商品是自己合法取得并说明提供者的，不承担赔偿责任。

第六十七条　未经商标注册人许可，在同一种商品上使用与其注册商标相同的商标，构成犯罪的，除赔偿被侵权人的损失外，依法追究刑事责任。

伪造、擅自制造他人注册商标标识或者销售伪造、擅自制造的注册商标标识，构成犯罪的，除赔偿被侵权人的损失外，依法追究刑事责任。

销售明知是假冒注册商标的商品，构成犯罪的，除赔偿被侵权人的损失外，依法追究刑事责任。

《反不正当竞争法》

第六条　经营者不得实施下列混淆行为，引人误认为是他人商品或者与他人存在特定联系：

（一）擅自使用与他人有一定影响的商品名称、包装、装潢等相同或者近似的标识；

（二）擅自使用他人有一定影响的企业名称（包括简称、字号等）、社会组织名称（包括简称等）、姓名（包括笔名、艺名、译名等）；

（三）擅自使用他人有一定影响的域名主体部分、网站名称、网页等；

（四）其他足以引人误认为是他人商品或者与他人存在特定联系的混淆行为。

第十七条　经营者违反本法规定，给他人造成损害的，应当依法承担民事责任。

经营者的合法权益受到不正当竞争行为损害的，可以向人民法院提起诉讼。

因不正当竞争行为受到损害的经营者的赔偿数额，按照其因被侵权所受到的实际损失确定；实际损失难以计算的，按照侵权人因侵权所获得的利益确定。经营者恶意实施侵犯商业秘密行为，情节严重的，可以在按照上述方法确定数额的一倍以上五倍以下确定赔偿数额。赔偿数额还应当包括经营者为制止侵权行为所支付的合理开支。

经营者违反本法第六条、第九条规定，权利人因被侵权所受到的实际损失、侵权人因侵权所获得的利益难以确定的，由人民法院根据侵权行为的情节判决给予权利人五百万元以下的赔偿。

《刑法》

第二百一十三条　未经注册商标所有人许可，在同一种商品、服务上使用与其注册商标相同的商标，情节严重的，处三年以下有期徒刑，并处或者单处罚金；情节特别严重的，处三年以上十年以下有期徒刑，并处罚金。

第二百一十四条　销售明知是假冒注册商标的商品，违法所得数额较大或者有其他严重情节的，处三年以下有期徒刑，并处或者单处罚金；违法所得数额巨大或者有其他特别严重情节的，处三年以上十年以下有期徒刑，并处罚金。

第二百一十五条　伪造、擅自制造他人注册商标标识或者销售伪造、擅自制造的注册商标标识，情节严重的，处三年以下有期徒刑，并处或者单处罚金；情节特别严重的，处三年以上十年以下有期徒刑，并处罚金。

（三）他人未经许可非法使用学会品牌资产

典型案例

《×× 科学与技术学报》（以下简称《学报》）由 J 学会主办，J 学会发现 Y 公司擅自以《学报》名称首字母组合作为域名的侵权网站。在该网站页面使用了与 J 学会针对《学报》设立的网站页面高度近似的排版与设计。同时，侵权网站使用了 J 学会以及《学报》的名称和相关信息，刻意造成公众的混淆。其中，J 学会已将《学报》名称作为商标申请注册在第 16 类“期刊、杂志”相关的商品上，但学会名称未注册为商标。

风险提示

他人未经许可非法使用学会品牌资产的行为是对学会的侵权行为，将导致学会经营多年的品牌被误用、滥用，由此淡化学会的权威形象。如果学会未能及时制止该等侵权行为，并对外彰显学会维权态度，将变相助长侵权不正之风，学会维权成本也将随之增加。

法律分析

基于上述案例，针对他人未经许可非法使用学会品牌资产，在商标法层面上主要分为两种情形：第一种情形，第三人未经商标注册人即学会的许可，擅自在商标核定商品 / 服务上使用该注册商标；第二种情形，第三人未经学会允许，擅自使用学会未注册的商标。同时，上述案例还涉及侵犯 J 学会著作权以及不正当竞争等情形。

（1）第三人未经商标注册人即学会的许可，擅自在商标核定商品 / 服务上使用该注册商标

上述案例中，针对《学报》名称，J 学会已经获得其在第 16 类“期刊、杂志”上的商标注册。此时学会作为商标注册人，可根据《商标法》第 7 章“注册商标专用权的保护”的相关规定进行维权，本案中侵权网站未经 J 学会许可，将学会在期刊、杂志上已经获得商标注册的《学报》名称随意使用在同一商品上，容易导致相关公众混淆，构成侵犯注册商标专用权。

在此种情形下，J 学会可以通过以下方式维权：

- 向工商行政管理部门投诉。工商行政管理部门可采取责令侵权人停止

侵权、没收、销毁侵权商品，以及处以相应罚款等措施。

- 向人民法院起诉。认定侵权行为成立的，侵权人除了承担停止侵权、赔礼道歉等责任外，人民法院还可依权利人请求，判处侵权人承担因侵权行为对权利人造成的损失，或侵权人由此获得的利益；如权利人损失或侵权人获利无法计算的，法院可根据侵权行为的情节判决给予500万元以下的赔偿。
- 向公安机关报案，寻求刑事救济。侵权人非法经营数额在5万元以上或者违法所得数额在3万元以上的，或假冒两种以上注册商标，非法经营数额在3万元以上或者违法所得数额在2万元以上的，人民法院可以假冒注册商标罪判处3年以下有期徒刑或者拘役，并处或者单处罚金。情节特别严重的，处3年以上7年以下有期徒刑，并处罚金。

（2）第三人擅自使用学会未注册为商标的品牌资产

上述案例中，J学会未获得针对学会名称的商标专用权。由此，J学会可以根据《反不正当竞争法》第6条有关“擅自使用他人有一定影响的企业名称（包括简称、字号等）、社会组织名称（包括简称等）”的相关规定打击不正当竞争行为，维护学会名称相关权利。适用该条款维权时，通常对于“一定影响”的认定较为严格，需要权利人提供充分的证据证明该名称的知名度和社会影响力。

J学会可以向人民法院提起诉讼。认定不正当竞争行为成立的，侵权人除了承担停止侵权、赔礼道歉等责任外，至于侵权网站的赔偿数额，按照J学会因被侵权所受到的实际损失确定；实际损失难以计算的，按照侵权人因侵权所获得的利益确定。权利人因被侵权所受到的实际损失、侵权人因侵权所获得的利益难以确定的，由人民法院根据侵权行为的情节判决给予权利人500万元以下的赔偿。

（3）第三人擅自使用学会享有著作权的文字及美术作品

上述案例中，J学会针对《学报》设立的网站中包含版面设计、文章等享有著作权。侵权网站未经J学会授权，直接在侵权网站上搬运使用了与上述J学会享有著作权的作品构成实质性近似的相关内容，构成对J学会的著作权侵权。针对于此，J学会可以根据《著作权法》的相关规定进行维权。

防范建议

为防止他人未经许可非法使用学会品牌资产，首先学会应当将学会名称、会议名称、期刊名称等学会品牌资产作为商标注册在相应的商品/服务上；针对学会享有著作权的作品、设计等内容，及时进行著作权登记，以保证侵权发生时，具备权利基础。其次学会应当在日常工作中注意留存针对品牌资产的使用证据以及能够证明学会知名度与社会影响力的荣誉与第三方报道等证据，以备维权时充分证明学会相关品牌资产已经具备“一定影响”。

·适用法条·

《商标法》

第五十六条　注册商标的专用权，以核准注册的商标和核定使用的商品为限。

第五十七条　有下列行为之一的，均属侵犯注册商标专用权：

（一）未经商标注册人的许可，在同一种商品上使用与其注册商标相同的商标的；

（二）未经商标注册人的许可，在同一种商品上使用与其注册商标近似的商标，或者在类似商品上使用与其注册商标相同或者近似的商标，容易导致混淆的；

（三）销售侵犯注册商标专用权的商品的；

（四）伪造、擅自制造他人注册商标标识或者销售伪造、擅自制造的注册商标标识的；

（五）未经商标注册人同意，更换其注册商标并将该更换商标的商品又投入市场的；

（六）故意为侵犯他人商标专用权行为提供便利条件，帮助他人实施侵犯商标专用权行为的；

（七）给他人的注册商标专用权造成其他损害的。

第六十条　有本法第五十七条所列侵犯注册商标专用权行为之一，引起纠纷的，由当事人协商解决；不愿协商或者协商不成的，商标注册人或者利害关系人可以向人民法院起诉，也可以请求工商行政管理部门处理。

工商行政管理部门处理时，认定侵权行为成立的，责令立即停止侵权行为，没收、销毁侵权商品和主要用于制造侵权商品、伪造注册商标标识的工具，违法经营额五万元以上的，可以处违法经营额五倍以下的罚款，没有违法经营额或者违法经营额不足五万元的，可以处二十五万元以下的罚款。对五年内实施两次以上商标侵权行为或者有其他严重情节的，应当从重处罚。销售不知道是侵犯注册商标专用权的商品，能证明该商品是自己合法取得并说明提供者的，由工商行政管理部门责令停止销售。

对侵犯商标专用权的赔偿数额的争议，当事人可以请求进行处理的工商行政管理部门调解，也可以依照《中华人民共和国民事诉讼法》向人民法院起诉。经工商行政管理部门调解，当事人未达成协议或者调解书生效后不履行的，当事人可以依照《中华人民共和国民事诉讼法》向人民法院起诉。

第六十一条　对侵犯注册商标专用权的行为，工商行政管理部门有权依法查处；涉嫌犯罪的，应当及时移送司法机关依法处理。

第六十二条　县级以上工商行政管理部门根据已经取得的违法嫌疑证

据或者举报，对涉嫌侵犯他人注册商标专用权的行为进行查处时，可以行使下列职权：

（一）询问有关当事人，调查与侵犯他人注册商标专用权有关的情况；

（二）查阅、复制当事人与侵权活动有关的合同、发票、账簿以及其他有关资料；

（三）对当事人涉嫌从事侵犯他人注册商标专用权活动的场所实施现场检查；

（四）检查与侵权活动有关的物品；对有证据证明是侵犯他人注册商标专用权的物品，可以查封或者扣押。

工商行政管理部门依法行使前款规定的职权时，当事人应当予以协助、配合，不得拒绝、阻挠。

在查处商标侵权案件过程中，对商标权属存在争议或者权利人同时向人民法院提起商标侵权诉讼的，工商行政管理部门可以中止案件的查处。中止原因消除后，应当恢复或者终结案件查处程序。

第六十三条　侵犯商标专用权的赔偿数额，按照权利人因被侵权所受到的实际损失确定；实际损失难以确定的，可以按照侵权人因侵权所获得的利益确定；权利人的损失或者侵权人获得的利益难以确定的，参照该商标许可使用费的倍数合理确定。对恶意侵犯商标专用权，情节严重的，可以在按照上述方法确定数额的一倍以上五倍以下确定赔偿数额。赔偿数额应当包括权利人为制止侵权行为所支付的合理开支。

人民法院为确定赔偿数额，在权利人已经尽力举证，而与侵权行为相关的账簿、资料主要由侵权人掌握的情况下，可以责令侵权人提供与侵权行为相关的账簿、资料；侵权人不提供或者提供虚假的账簿、资料的，人民法院可以参考权利人的主张和提供的证据判定赔偿数额。

权利人因被侵权所受到的实际损失、侵权人因侵权所获得的利益、注册商标许可使用费难以确定的，由人民法院根据侵权行为的情节判决给予五百万元以下的赔偿。

人民法院审理商标纠纷案件，应权利人请求，对属于假冒注册商标的商品，除特殊情况外，责令销毁；对主要用于制造假冒注册商标的商品的材料、工具，责令销毁，且不予补偿；或者在特殊情况下，责令禁止前述材料、工具进入商业渠道，且不予补偿。

假冒注册商标的商品不得在仅去除假冒注册商标后进入商业渠道。

第六十四条　注册商标专用权人请求赔偿，被控侵权人以注册商标专用权人未使用注册商标提出抗辩的，人民法院可以要求注册商标专用权人提供此前三年内实际使用该注册商标的证据。注册商标专用权人不能证明此前三年内实际使用过该注册商标，也不能证明因侵权行为受到其他损失的，被控侵权人不承担赔偿责任。

销售不知道是侵犯注册商标专用权的商品，能证明该商品是自己合法取得并说明提供者的，不承担赔偿责任。

第六十七条　未经商标注册人许可，在同一种商品上使用与其注册商标相同的商标，构成犯罪的，除赔偿被侵权人的损失外，依法追究刑事责任。

伪造、擅自制造他人注册商标标识或者销售伪造、擅自制造的注册商标标识，构成犯罪的，除赔偿被侵权人的损失外，依法追究刑事责任。

销售明知是假冒注册商标的商品，构成犯罪的，除赔偿被侵权人的损失外，依法追究刑事责任。

《反不正当竞争法》

第六条　经营者不得实施下列混淆行为，引人误认为是他人商品或者与他人存在特定联系：

（一）擅自使用与他人有一定影响的商品名称、包装、装潢等相同或者近似的标识；

（二）擅自使用他人有一定影响的企业名称（包括简称、字号等）、社会组织名称（包括简称等）、姓名（包括笔名、艺名、译名等）；

（三）擅自使用他人有一定影响的域名主体部分、网站名称、网页等；

（四）其他足以引人误认为是他人商品或者与他人存在特定联系的混淆行为。

第十七条　经营者违反本法规定，给他人造成损害的，应当依法承担民事责任。

经营者的合法权益受到不正当竞争行为损害的，可以向人民法院提起诉讼。

因不正当竞争行为受到损害的经营者的赔偿数额，按照其因被侵权所受到的实际损失确定；实际损失难以计算的，按照侵权人因侵权所获得的利益确定。经营者恶意实施侵犯商业秘密行为，情节严重的，可以在按照上述方法确定数额的一倍以上五倍以下确定赔偿数额。赔偿数额还应当包括经营者为制止侵权行为所支付的合理开支。

经营者违反本法第六条、第九条规定，权利人因被侵权所受到的实际损失、侵权人因侵权所获得的利益难以确定的，由人民法院根据侵权行为的情节判决给予权利人五百万元以下的赔偿。

《刑法》

第二百一十三条　未经注册商标所有人许可，在同一种商品、服务上使用与其注册商标相同的商标，情节严重的，处三年以下有期徒刑，并处或者单处罚金；情节特别严重的，处三年以上十年以下有期徒刑，并处罚金。

第二百一十四条　销售明知是假冒注册商标的商品，违法所得数额较大或者有其他严重情节的，处三年以下有期徒刑，并处或者单处罚金；违法所得数额巨大或者有其他特别严重情节的，处三年以上十年以下有期徒刑，并处罚金。

第二百一十五条　伪造、擅自制造他人注册商标标识或者销售伪造、擅自制造的注册商标标识，情节严重的，处三年以下有期徒刑，并处或者单处罚金；情节特别严重的，处三年以上十年以下有期徒刑，并处罚金。

第二部分

学会品牌保护实践操作60问

第一章　如何获得商标专用权？

1. 学会是否为申请注册商标的合法主体？

解答：学会是按照国务院《社会团体登记管理条例》依法登记，由社会团体登记管理机关民政部监督管理的社团法人，属于申请注册商标的合法主体。

· 适用法条 ·

《商标法》

第四条　自然人、法人或者其他组织在生产经营活动中，对其商品或者服务需要取得商标专用权的，应当向商标局申请商标注册……

2. 学会是否可以和其他单位共同申请注册商标？

解答：根据《商标法》的规定，学会当然可以与其他单位共同作为申请人申请商标注册，商标核准注册后，也将共同享有该商标的专用权。

值得注意的是，共同申请商标需要在申请前明确约定各方权利义务，避免日后出现权属不清的问题。

共有商标在进行商标变更、转让、许可程序中，须经商标共有人同意并共同签署文件。

· 适用法条 ·

《商标法》

第五条　两个以上的自然人、法人或者其他组织可以共同向商标局申请注册同一商标，共同享有和行使该商标专用权。

3. 学会品牌资产的权属如何确定？

解答：对内管理中，学会应当以申请人的名义，对品牌资产所涉及的标志提交商标申请，并作为最终的权利人，以授权的方式许可下属部门、分会或外部机构等进行合规合理的使用。即使存在特殊情形，也建议学会作为共同申请人与其他下属机构共同提交商标注册申请。

对外合作中，学会应当在合作初始，即与相关合作方签订合同约定知识产权的归属。如果学会是合作项目的主要负责人，则学会应当争取以自己的名义提交相关的商标申请；如果学会只是参与人，则应当争取与其他合作方作为商标申请的共同申请人；如果学会无法最终作为共同申请人持有相关知识产权，则应当争取获得项目进行中及之后针对相关知识产权的无偿使用权。

4. 学会哪些品牌资产可以申请注册商标？

解答：学会的品牌资产主要包含学会名称、学会会徽、期刊名称、知名会议名称、展会名称、奖项名称等与学会产生联想，能够增加学会声誉等价值的资产。具体表现形式包括文字、图形、字母、数字、三维标志、颜色组合和声音等，以及上述要素的组合等标志，符合《商标法》相关规定的，学会均可以作为商标申请注册。

5. 学会已经完成社团法人登记程序，是否还有必要申请注册学会商标？

解答：学会名称的登记与学会名称及其他品牌资产作为商标注册不是同一概念。学会名称的登记是针对社团组织的名称登记，是经各级民政部门审批核准，允许其在业务范围内开展活动时使用的名称，属于行政许可的方式之一。商标注册则是经国家知识产权局审查，经核准后获得注册商标专用权，该专用权为排他性和垄断性权利。

学会品牌资产所涉及的标志（中英文文字、图形及其组合），在学会运营过程中会产生一定的社会和商业价值与品牌联想；在使用和推广具有较高社会知名度和影响力的品牌资产时，需要积极制止他人的仿冒侵权行为。而注册商标依法享有排他性权利，能够合法阻止他人使用，更好地利用注册商标专用权进行有效维权，更好地维护学会的合法权益，从而降低学会的法律风险。

6. 如何提高商标注册的成功率？

解答：学会申请商标注册，为提高注册成功率，可以从以下几点考虑：

（1）合理选择商标标志

学会在选择商标时，需要合理选择商标标志，避开《商标法》第 10 条、第 11 条以及第 12 条规定的禁用禁注条款，如果商标注册申请因上述条款被驳回，不仅很难通过驳回复审获准注册，而且在使用过程中会缺乏相应的注册商标保护。

（2）商标申请前做好在先检索工作

学会选择的标志要具有显著性和独创性，申请前进行在先商标的检索，避免与他人在同一种或类似商品 / 服务上已经注册 / 初步审定 / 在先申请的商标相同或构成近似，否则申请商标也将被驳回，不予公告。

（3）积极应对商标审查及异议程序

商标审查中可能会遭遇驳回或被他人异议程序，学会应根据具体事由及时作出答辩，并通过提供相关商标使用证据、知名度证据以及其他证明材料，说明学会商标存在获准注册的合理合法性。

（4）可考虑避开以组合各构成要素的方式申请商标

如果申请商标由中文、英文、图形等各种要素组合而成，国家知识产权局针对该等组合商标的审查规则是，拆分各要素，分别审查。例如，组合商标中的任一构成要素不符合《商标法》的相关规定，则整体商标将被驳回，从而也会延长审查期限。学会可考虑将商标构成要素分开申请，避免因部分要素导致的驳回。而且，各要素分开申请注册有利于灵活满足实践中以不同方式组合使用各要素的需求。

· 适用法条 ·

《商标法》

第九条　申请注册的商标，应当有显著特征，便于识别，并不得与他人在先取得的合法权利相冲突……

第十条　下列标志不得作为商标使用：

（一）同中华人民共和国的国家名称、国旗、国徽、国歌、军旗、军徽、军歌、勋章等相同或者近似的，以及同中央国家机关的名称、标志、所在地特定地点的名称或者标志性建筑物的名称、图形相同的；

（二）同外国的国家名称、国旗、国徽、军旗等相同或者近似的，但经该国政府同意的除外；

（三）同政府间国际组织的名称、旗帜、徽记等相同或者近似的，但经该组织同意或者不易误导公众的除外；

（四）与表明实施控制、予以保证的官方标志、检验印记相同或者近似的，但经授权的除外；

（五）同“红十字”、“红新月”的名称、标志相同或者近似的；

（六）带有民族歧视性的；

（七）带有欺骗性，容易使公众对商品的质量等特点或者产地产生误认的；

（八）有害于社会主义道德风尚或者有其他不良影响的。

县级以上行政区划的地名或者公众知晓的外国地名，不得作为商标。但是，地名具有其他含义或者作为集体商标、证明商标组成部分的除外；已经注册的使用地名的商标继续有效。

第十一条　下列标志不得作为商标注册：

（一）仅有本商品的通用名称、图形、型号的；

（二）仅直接表示商品的质量、主要原料、功能、用途、重量、数量及其他特点的；

（三）其他缺乏显著特征的。

前款所列标志经过使用取得显著特征，并便于识别的，可以作为商标注册。

第十二条　以三维标志申请注册商标的，仅由商品自身的性质产生的形状、为获得技术效果而需有的商品形状或者使商品具有实质性价值的形状，不得注册。

第三十条　申请注册的商标，凡不符合本法有关规定或者同他人在同一种商品或者类似商品上已经注册的或者初步审定的商标相同或者近似的，由商标局驳回申请，不予公告。

第三十一条　两个或者两个以上的商标注册申请人，在同一种商品或者类似商品上，以相同或者近似的商标申请注册的，初步审定并公告申请在先的商标；同一天申请的，初步审定并公告使用在先的商标，驳回其他人的申请，不予公告。

7. 哪些标志不能作为商标使用？

解答：我国《商标法》对不能作为商标使用的标志有明确规定。值得注意的是，该等商标不但不能作为商标注册，更不能作为商标进行使用。

· 适用法条 ·

《商标法》

第十条　下列标志不得作为商标使用：

（一）同中华人民共和国的国家名称、国旗、国徽、国歌、军旗、军徽、军歌、勋章等相同或者近似的，以及同中央国家机关的名称、标志、所在地特定地点的名称或者标志性建筑物的名称、图形相同的；

（二）同外国的国家名称、国旗、国徽、军旗等相同或者近似的，但经该国政府同意的除外；

（三）同政府间国际组织的名称、旗帜、徽记等相同或者近似的，但经该组织同意或者不易误导公众的除外；

（四）与表明实施控制、予以保证的官方标志、检验印记相同或者近似的，但经授权的除外；

（五）同“红十字”、“红新月”的名称、标志相同或者近似的；

（六）带有民族歧视性的；

（七）带有欺骗性，容易使公众对商品的质量等特点或者产地产生误认的；

（八）有害于社会主义道德风尚或者有其他不良影响的。

县级以上行政区划的地名或者公众知晓的外国地名，不得作为商标。但是，地名具有其他含义或者作为集体商标、证明商标组成部分的除外；已经注册的使用地名的商标继续有效。

8. 哪些商标不能申请注册？

解答：我国《商标法》对不能作为商标注册的标志有明确规定，主要原则在于该商标是否具有区分商品与服务来源的基本功能。通常情况下，如该商标缺乏商标应当具有的显著性，则该商标就不能申请注册。具体内容可参见法条适用部分。

· 适用法条 ·

《商标法》

第十一条　下列标志不得作为商标注册：

（一）仅有本商品的通用名称、图形、型号的；

（二）仅直接表示商品的质量、主要原料、功能、用途、重量、数量及其他特点的；

（三）其他缺乏显著特征的。

前款所列标志经过使用取得显著特征，并便于识别的，可以作为商标注册。

9. 学会是否可以将他人未注册的标志申请注册为商标？

解答：经国家知识产权局核准注册的商标为注册商标，商标注册人享有商标专用权。但我国商标法对未注册商标也有一定程度的保护。申请注册他人未注册商标也可能因侵犯他人在先权利/权益而被不予核准注册或者宣告无效。

· 适用法条 ·

《商标法》

第十三条　……就相同或者类似商品申请注册的商标是复制、摹仿或者翻译他人未在中国注册的驰名商标，容易导致混淆的，不予注册并禁止使用……

第十五条　未经授权，代理人或者代表人以自己的名义将被代理人或者被代表人的商标进行注册，被代理人或者被代表人提出异议的，不予注册并禁止使用。

就同一种商品或者类似商品申请注册的商标与他人在先使用的未注册商标相同或者近似，申请人与该他人具有前款规定以外的合同、业务往来关系或者其他关系而明知该他人商标存在，该他人提出异议的，不予注册。

第三十二条　申请商标注册不得损害他人现有的在先权利，也不得以不正当手段抢先注册他人已经使用并有一定影响的商标。

10. 学会是否可以将领导 / 名人给学会的题字申请注册为商标？

解答：虽然在商标法层面，将领导 / 名人给学会的题字作为商标申请注册没有问题，但手写字体涉及著作权，如果想进行保护，要考虑著作权侵权风险问题。采用普通字体申请同样可以起到保护学会商标的作用，基本满足可能的商标维权需求。但根据学会名称目前的使用情况及社会影响力，可以取得该领导 / 名人本人或其家属 / 继承人同意的前提下，考虑使用题字字体申请商标注册。

11. 什么是《类似商品和服务区分表——基于尼斯分类》？

解答：《商标注册用商品和服务国际分类》（尼斯分类）是根据 1957 年 6 月 15 日由尼斯外交会议达成的一项协定（尼斯协定）制定的。尼斯协定的每个成员国有义务在商标注册中使用尼斯分类，并须在与商标注册有关的官方文件和出版物中标明注册商标所及的商品或服务所在的国际分类的类别号。我国于 1994 年加入尼斯协定。

《类似商品和服务区分表——基于尼斯分类》是我国商标主管部门为了商标检索、审查、管理工作的需要，总结多年来的实践工作经验，并广泛征求各部门的意见，把某些存在特定联系、容易造成误认的商品或服务组合到一起，编制而成。《类似商品和服务区分表——基于尼斯分类》可以作为商标审查人员、商标代理人和商标注册申请人判断类似商品或者服务的参考，也可以作为行政机关和司法机关在处理商标案件时判断类似商品或者服务的参考。

在申请商标注册时，应尽量按照《类似商品和服务区分表——基于尼斯分类》中规范的商品名称或服务项目填写。商品名称或服务项目是整个商标注册工作的中心环节之一，它决定了注册商标保护的范围。在申请商标注册时，必须指明具体的商品名称和服务项目。并且，一份申请书上填报的商品或服务只能限定在一个类别之内。商品名称或服务项目力求具体、准确、规范，以便明确指定该商标的保护范围。一般来说，一个商品在商品分类表中有正规名称时，应使用分类表中的规范名称。某些人们日常生活中约定俗成的商品称谓，在申请商标注册时是不允许使用的。比如“家用电器”，因为它包括的范围过大，涉及商品分类表中至少 5 个类别的商品，如第 7 类的洗衣机、家用电动碾磨机，第 8 类的电动刮胡刀，第 9 类的电熨斗、电热卷发器，第 10 类的电动按摩器，第 11 类的电冰箱、电热水器等。诸如此类的情况还有“塑料制品”“皮制品”等。因此，使用商品分类表中规范的商品名称及服务项目，有助于加快商标的注册进程，确保申请人及时获得商标专用权。

12. 学会名称应当申请注册在哪些类别？

解答：学会名称的应用范围一般会涉及培训、组织会议、科学技术研究及行业相关领域。根据《商标注册用商品和服务国际分类》（尼斯分类）的分类原则，建议申请在第 41 类（培训，组织专题会议，学术会议，奖项名称等）、第 42 类（科学研究、技术开发研究等）及根据学会行业特点所涉及的类别，如第 31 类（农业）、第 37 类（建筑）、第 44 类（医学）等。

13. 学会期刊名称应当申请注册在哪些类别？

解答：学会期刊是学会定期出版的刊物。分周刊、月刊或年刊等，经新闻出版总署批准，持有国内统一连续出版物号。根据《商标注册用商品和服务国际分类》（尼斯分类）的分类原则，期刊名称属于第 16 类 1606 群的印刷出版的期刊商品。

14. 学会会议名称应当申请注册在哪些类别？

解答：学会会议名称是由行业学会组织举办大型年会或组织专家进行讨论、专题会议等，根据《商标注册用商品和服务国际分类》（尼斯分类）的分类原则，学会会议名称属于第41类4102群组的组织和安排教育、文化、娱乐活动等服务项目。

15. 学会奖项名称应当申请注册在哪些类别？

解答：学会奖项名称一般是由行业学会组织举办的与文化教育有关的比赛，且带有一定竞技性质，根据《商标注册用商品和服务国际分类》（尼斯分类）的分类原则，奖项名称属于第 41 类 4102 群组的组织和安排教育、文化、娱乐活动等服务项目。

16. 申请注册商标需要的材料有哪些？

解答：依据《商标法》的相关要求，申请注册商标应提交以下文件：

（1）申请人身份证明文件，包括自然人身份证、企业营业执照或其他组织的法人登记证书等副本复印件，并加盖申请人公章或签字；

（2）清晰的商标图样，图形可指定颜色或黑白稿；

（3）指定申请类别的商品或服务项目；

（4）委托商标代理机构办理的须提交代理委托书，并加盖申请人公章或签字。

17. 申请注册商标的流程包括哪些内容？（附流程图）

解答：商标注册流程包括：准备申请所需材料，按照规定的商品分类表填报使用商标的商品类别和商品名称，提出注册申请，按照要求进行缴费。注册申请受理后，商标局会在收到商标注册申请文件之日起 9 个月内审查完毕，符合商标法有关规定的，予以初步审定公告。商标注册流程简图如图 1 所示。

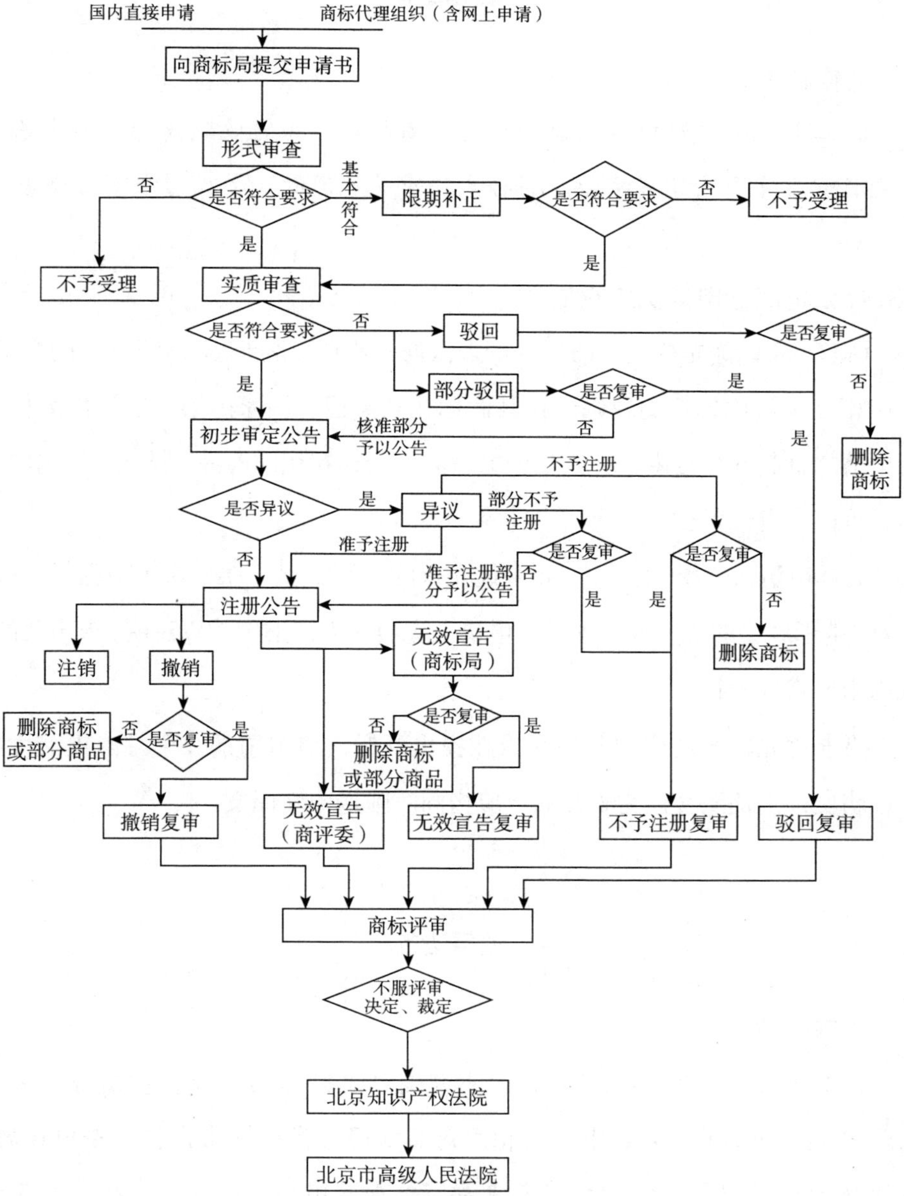

图 1　商标注册流程

· 适用法条 ·

《商标法》

第二十八条　对申请注册的商标，商标局应当自收到商标注册申请文件之日起九个月内审查完毕，符合本法有关规定的，予以初步审定公告。

18. 什么是商标申请优先权？

解答：商标优先权是指商标申请人依据《保护工业产权巴黎公约》的规定，按照相互承认优先权的原则，自其商标在联盟任一国家内第一次提出商标注册申请之日起 6 个月内，在其他国家就同一商标在相同商品 / 服务上提出的申请，可以享有优先权。

商标申请人依据《商标法》要求优先权的，分为“基于第一次申请的优先权”以及“基于展会的优先权”。同时，申请人应当在申请书中予以声明，未声明的，视为未要求优先权。

要求优先权，还应同时提交或在提出商标注册申请的 3 个月内提交优先权证明文件。证明文件为外文的，应当同时附送中文译文。

· 适用法条 ·

《商标法》

第二十五条　商标注册申请人自其商标在外国第一次提出商标注册申请之日起六个月内，又在中国就相同商品以同一商标提出商标注册申请的，依照该外国同中国签订的协议或者共同参加的国际条约，或者按照相互承认优先权的原则，可以享有优先权。

依照前款要求优先权的，应当在提出商标注册申请的时候提出书面声明，并且在三个月内提交第一次提出的商标注册申请文件的副本；未提出书面声明或者逾期未提交商标注册申请文件副本的，视为未要求优先权。

第二十六条 商标在中国政府主办的或者承认的国际展览会展出的商品上首次使用的，自该商品展出之日起六个月内，该商标的注册申请人可以享有优先权。

依照前款要求优先权的，应当在提出商标注册申请的时候提出书面声明，并且在三个月内提交展出其商品的展览会名称、在展出商品上使用该商标的证据、展出日期等证明文件；未提出书面声明或者逾期未提交证明文件的，视为未要求优先权。

19. 商标因近似被驳回如何应对？

解答：商标注册申请审查中如果因与在先商标构成近似被驳回的，学会可以从以下方面申请驳回复审，争取申请商标获权。

（1）通过与引证商标比对，从文字商标的音、形、义；图形商标的构图、外观及着色；组合商标的整体表现形式、显著部分等方面进行充分对比与说理，阐述申请商标与引证商标的区别，不构成《商标法》意义上的近似商标，共存于市场不会对相关公众产生混淆。

（2）通过比对申请商标与引证商标指定的商品或服务项目，说明二者的商品在功能、用途、主要原料、生产部门、销售渠道、消费对象等方面存在差异；或者服务在服务的目的、内容、方式、对象、场所等方面存在差异，不构成《商标法》意义上的类似商品 / 服务。

值得注意的是，只有同时满足商标的相同 / 近似以及商品 / 服务的相同 / 类似才能构成阻碍申请商标的在先引证商标，因此学会只要从商标近似或商品 / 服务类似角度成功反驳国家知识产权局的驳回理由，申请商标即可被初步审定。

除针对商标近似以及商品/服务类似的反驳之外，申请人亦可针对引证商标采取以下方法，争取为申请商标扫清障碍：

（1）如果引证商标已注册满3年，且通过搜索查询不到其使用情况，可通过撤销引证商标的方式排除在先权利障碍，使申请商标顺利初步审定；

（2）与引证商标权利人签署商标共存协议，使申请商标不存在权利障碍，但就算当事人签订共存协议，国家知识产权局依然会从保护消费者权益角度出发，审查二商标共存的混淆可能性，由此认定共存协议的有效与否；

（3）通过商标转让方式，与引证商标权利人谈判并购买引证商标，使申请商标不存在权利障碍。

· 适用法条 ·

《商标法》

第三十条　申请注册的商标，凡不符合本法有关规定或者同他人在同一种商品或者类似商品上已经注册的或者初步审定的商标相同或者近似的，由商标局驳回申请，不予公告。

第三十一条　两个或者两个以上的商标注册申请人，在同一种商品或者类似商品上，以相同或者近似的商标申请注册的，初步审定并公告申请在先的商标；同一天申请的，初步审定并公告使用在先的商标，驳回其他人的申请，不予公告。

20. 商标因禁用条款被驳回如何应对？

解答：我国《商标法》对申请标志有明确的禁用规定，提交商标申请前，要全面考虑各种禁止性规定，应避免使用禁用元素，如果条件允许，建议委托专业的商标代理机构进行商标近似检索与分析，这样就可以大大降低商标被驳回的风险。

原则上，“不得作为商标使用”是指除禁止这些标志作为商标注册外，还禁止上述标志作为商标使用。但也有一些例外，如标志中含有与我国国家名称相同或者近似的文字，但其整体是企事业单位简称，如果具备以下条件，则不以该项禁用规定为由予以驳回：

（1）申请人主体资格应当是经国务院或其授权的机关批准设立的；

（2）申请人名称应经名称登记机关依法登记；

（3）申请标志与申请人名称的简称一致，简称是经国务院或其授权机关批准；

（4）该标志经过申请人在实际中长期广泛使用，在相关公众的认知中，与申请人形成了唯一对应关系。

· 适用法条 ·

《商标法》

第十条　下列标志不得作为商标使用：

（一）同中华人民共和国的国家名称、国旗、国徽、国歌、军旗、军徽、军歌、勋章等相同或者近似的，以及同中央国家机关的名称、标志、所在地特定地点的名称或者标志性建筑物的名称、图形相同的；

（二）同外国的国家名称、国旗、国徽、军旗等相同或者近似的，但经该国政府同意的除外；

（三）同政府间国际组织的名称、旗帜、徽记等相同或者近似的，但经该组织同意或者不易误导公众的除外；

（四）与表明实施控制、予以保证的官方标志、检验印记相同或者近似的，但经授权的除外；

（五）同“红十字”、“红新月”的名称、标志相同或者近似的；

（六）带有民族歧视性的；

（七）带有欺骗性，容易使公众对商品的质量等特点或者产地产生误认的；

（八）有害于社会主义道德风尚或者有其他不良影响的。

县级以上行政区划的地名或者公众知晓的外国地名，不得作为商标。但是，地名具有其他含义或者作为集体商标、证明商标组成部分的除外；已经注册的使用地名的商标继续有效。

21. 商标因缺乏显著性被驳回如何应对？

解答：商标的显著特征，即商标的显著性，是商标标志获得商标注册的重要要件。商标的显著特征是指商标应当具备的足以使相关公众区分商品或者服务来源的特征，具体来讲，是指商标能够使消费者识别、记忆，可以发挥指示商品或者服务来源的功能与作用。

而《商标法》第 11 条是对商标禁止注册的规定，缺乏显著特征的标志不可作为商标注册，但并非绝对禁止，而是相对禁止，申请人经过使用取得显著特征的可以作为商标注册。

因此，申请商标如果因为“缺显”被驳回，一方面，申请人可以通过提交商标使用证据证明其确实存在的显著性，从而获得商标注册。需要注意的是，提交的使用证据必须是能够真实有效地证明商标标志经过使用在相关公众中具有一定的知名度，并具有辨识度的，即具有商标最基本能够区分商品或者服务来源的作用。另一方面，如果学会认为申请商标未经使用，确实存在缺乏显著性情形的，申请人也可重新设计具有显著性的商标，再提交申请。

· 适用法条 ·

《商标法》

第十一条　下列标志不得作为商标注册：

（一）仅有本商品的通用名称、图形、型号的；

（二）仅直接表示商品的质量、主要原料、功能、用途、重量、数量及其他特点的；

（三）其他缺乏显著特征的。

前款所列标志经过使用取得显著特征，并便于识别的，可以作为商标注册。

第十二条　以三维标志申请注册商标的，仅由商品自身的性质产生的形状、为获得技术效果而需有的商品形状或者使商品具有实质性价值的形状，不得注册。

22. 商标被他人提起异议申请如何应对？

解答：申请商标经国家知识产权局审查予以初步审定公告，公告期 3 个月。在此期间，在先权利人或利害关系人均可以根据《商标法》第 33 条的规定提起异议申请。

国家知识产权局收到异议申请后，会将异议人的异议申请书、理由书和证据材料等的副本送交被异议人或被异议人的代理机构，并限定被异议人在收到之日起 30 日内答辩，被异议人在规定期限内未作出书面答辩的，视为放弃答辩权利。

相关权利人可以提出商标异议的法律依据包括：

（1）在先权利人、利害关系人认为已初审公告商标侵犯驰名商标权（《商标法》第 13 条第 2 款、第 3 款），或构成代理人 / 代表人 / 特定关系人抢注（《商标法》第 15 条），或认为商标含误导性地理标志（《商标法》第 16 条第 1 款），与在先商标构成相同 / 类似商品 / 服务上的相同 / 近似商标（《商标法》第30条、第31条），或侵犯在先字号权 / 著作权 / 外观设计专利 / 姓名权 / 肖像权等在先权益或抢先注册他人已经使用并有一定影响的商标权（《商标法》第32条）；

（2）任何人认为已初审公告商标为不以使用为目的的恶意申请（《商标法》第4条），或为可能损害国家尊严、社会公共利益等的禁止使用标志（《商标法》第10条），或为缺乏显著特征的禁止注册标志（《商标法》第11条、第12条），或为代理机构超范围申请（《商标法》第19条第4款）。

被异议人收到答辩后，不必慌张，根据异议人提出的理由进行针对性反驳，沉着应对，进行异议答辩才是解决问题的最好方式。当然，如果能通过专业的商标代理机构进行答辩，也是胜案的关键因素。

最后，国家知识产权局会根据异议理由，如商标是否构成近似，是否存在恶意抢注等问题，认真听取异议人及被异议人的陈述事实及理由，并经调查核实、全面分析后作出异议决定。

程序上，根据《商标法》第35条的规定，国家知识产权局经过审查，对被异议商标作出准予注册决定的，发给商标注册证，并予公告。异议人不服的，可以依照《商标法》第44条、第45条的规定请求宣告该注册商标无效。国家知识产权局作出不予注册决定，被异议人不服的，可以在法定期限内申请不予注册复审。被异议人对国家知识产权局作出的复审决定不服的，可以进一步向人民法院起诉。

· 适用法条 ·

《商标法》

第三十三条　对初步审定公告的商标，自公告之日起三个月内，在先权利人、利害关系人认为违反本法第十三条第二款和第三款、第十五条、第十六条第一款、第三十条、第三十一条、第三十二条规定的，或者任何人认为违反本法第四条、第十条、第十一条、第十二条、第十九条第四款规定的，可以向商标局提出异议……

第三十五条　对初步审定公告的商标提出异议的，商标局应当听取异议人和被异议人陈述事实和理由，经调查核实后，自公告期满之日起十二个月内做出是否准予注册的决定，并书面通知异议人和被异议人……

23. 商标注册后会颁发注册证书吗？

解答：申请商标经国家知识产权局审查予以初步审定公告，在公告期没有被异议的，申请商标将被核准注册，下发商标注册证书，注册商标专用权期限为 10 年。

· 适用法条 ·

《商标法》

第三十三条　……公告期满无异议的，予以核准注册，发给商标注册证，并予公告。

24. 学会是否可以申请注册集体商标？

解答：学会是经依法登记的社会团体法人，具有申请集体商标的法人资格。

办理集体商标注册申请时，除按规定提交普通商标的申请文件外，还应当提交集体商标使用管理规则、集体成员名单等。

集体商标不得违反《商标法》第 10 条第 1 款、第 11 条、第 30 条和第 31 条的规定，其审查审理同时适用本编其他章节的基本规定。

· 适用法条 ·

《商标法》

第三条　经商标局核准注册的商标为注册商标，包括商品商标、服务商标和集体商标、证明商标；商标注册人享有商标专用权，受法律保护。

本法所称集体商标，是指以团体、协会或者其他组织名义注册，供该组织成员在商事活动中使用，以表明使用者在该组织中的成员资格的标志。

本法所称证明商标，是指由对某种商品或者服务具有监督能力的组织所控制，而由该组织以外的单位或者个人使用于其商品或者服务，用以证明该商品或者服务的原产地、原料、制造方法、质量或者其他特定品质的标志。

集体商标、证明商标注册和管理的特殊事项，由国务院工商行政管理部门规定。

25. 学会是否可以申请注册证明商标？

解答：学会是经依法登记的社会团体法人，具有申请证明商标的法人资格。

办理证明商标注册申请时，除按规定提交普通商标的申请文件外，还应当提交证明商标使用管理规则，并应当详细说明其所具有的或者其委托的机构具有的专业技术人员、专业检测设备等情况，以表明其具有监督该证明商标所证明的特定商品品质的能力。

证明商标不得违反《商标法》第 10 条第 1 款、第 11 条、第 30 条和第 31 条的规定，其审查审理同时适用本编其他章节的基本规定。

· 适用法条 ·

《商标法》

第三条　经商标局核准注册的商标为注册商标，包括商品商标、服务商标和集体商标、证明商标；商标注册人享有商标专用权，受法律保护。

本法所称集体商标，是指以团体、协会或者其他组织名义注册，供该组织成员在商事活动中使用，以表明使用者在该组织中的成员资格的标志。

本法所称证明商标，是指由对某种商品或者服务具有监督能力的组织所控制，而由该组织以外的单位或者个人使用于其商品或者服务，用以证明该商品或者服务的原产地、原料、制造方法、质量或者其他特定品质的标志。

集体商标、证明商标注册和管理的特殊事项，由国务院工商行政管理部门规定。

26. 商标申请注册过程中是否可以主动撤回申请？

解答：申请人由于自身原因或其他因素，在其申请注册的商标核准注册之前，可以向国家知识产权局提出撤回该商标的注册申请。

办理撤回商标申请，可直接办理或委托商标代理机构提交撤回商标申请的相关文件，经审查符合规定的，国家知识产权局发给申请人准予撤回商标注册申请通知书。撤回申请不需要缴纳规费，但申请时已经缴纳的规费不予退回。

27. 申请注册商标各阶段官方费用分别是多少？

解答：申请注册商标各阶段官方费用，具体参考国家知识产权局颁布的收费依据（见表 2）（原国家计委、财政部计价格〔1995〕2404 号文件，国家发改委、财政部发改价格〔2015〕2136 号文件，财政部、国家发展改革委财税〔2017〕20 号文件和国家发展改革委、财政部发改价格〔2019〕914 号文件。以下收费标准自 2019 年 7 月 1 日起实施）。

表 2 申请注册商标各阶段官方费用

收费项目	纸质申请收费标准（按类别）	接受电子发文的网上申请收费标准（按类别）
受理商标注册费	300 元（限定本类 10 个商品。10 个以上商品，每超过 1 个商品，每个商品加收 30 元）	270 元（限定本类 10 个商品。10 个以上商品，每超过 1 个商品，每个商品加收 27 元）
补发商标注册证费	500 元	450 元
受理转让注册商标费	500 元	450 元
受理商标续展注册费	500 元	450 元
受理续展注册迟延费	250 元	225 元
受理商标评审费	750 元	675 元（部分待开通）
变更费	150 元	0 元
出具商标证明费	50 元	45 元
受理集体商标注册费	1500 元	1350 元
受理证明商标注册费	1500 元	1350 元
商标异议费	500 元	450 元
撤销商标费	500 元	450 元（部分待开通）
商标使用许可合同备案费	150 元	135 元

资料来源：国家知识产权局商标局中国商标网。

28. 具有国际影响力的品牌资产是否应当申请海外商标注册？

解答：全国学会常年举办大型国际会议、国内外专家交流会及博展会，国际影响力及知名度越来越高，进行海外知识产权保护是必然趋势。

建立与培养国际品牌需要长期规划，与学会发展进步密不可分，学会品牌资产的海外延伸是学会综合实力的体现。拓展国际品牌，也是展现我国科技及经济实力的一个窗口，一方面可以帮助海外同行业专家进一步了解学会情况及核心竞争能力，另一方面可以促进国内外同行业学会的发展与交流，加强学会品牌的国际化与产业化。

29. 海外商标注册的途径有哪些？

解答：常规海外商标注册分为以下四种途径：

（1）马德里商标国际注册

目前马德里联盟共有 112 个缔约方，覆盖 128 个国家，通过马德里国际注册申请的优势是覆盖范围广，手续方便快捷，费用相对低廉，要求申请人以国内商标申请 / 注册为基础。

（2）逐一国进行商标注册

如果申请国家比较单一，或者申请人不在马德里联盟组织里，可考虑逐一国方式进行国际申请。优势是申请灵活，风险较小，权利相对稳定，不需要申请人在国内有基础申请或注册。

（3）欧盟国际商标注册

目前欧盟共 27 个成员国（英国已脱欧），申请人可以通过欧盟国际注册方式在欧盟成员国家进行申请注册。优势是费用低，保护集中，一次申请可获得 27 个欧盟国家的保护，商标争议处理方便，成员国中任一国家的使用证据在其余国家均认可。

（4）非洲知识产权组织商标注册

目前非洲知识产权组织共有 17 个非洲国家，申请人可以通过非洲知识产权组织在该组织成员国家进行申请注册，优势是费用低，程序简单，向主管局递交一次申请，即可获得该体制下的统一保护。

30. 马德里商标国际注册的流程及费用都有哪些？

解答：（1）马德里商标国际注册的流程：

- 提交申请：一种是通过国家知识产权局转交申请，另一种是通过国际局申请；
- 缴纳官费并下发受理通知书；

- 国际局下发商标国际注册证（仅代表在国际局登记，并非注册成功）并进行公告；
- 指定缔约方主管局审查；
- 缔约方审查驳回或下发保护的声明；
- 审查时限适用 12 个月或 18 个月。

（2）马德里商标国际注册新申请费用由以下部分组成：

- 基础注册费：653 瑞士法郎（黑白图样）或 903 瑞士法郎（彩色图样）；补充注册费：每个指定缔约方收取 100 瑞士法郎，要求单独规费的缔约方除外。
- 额外费用：某些缔约方会要求收取单独规费，按商标数量及类别分别计算。详见以下单独规费表（表 3）。

表 3　指定收取单独规费国家 / 地区的收费标准（汇率：以收文当日为准）

单位：瑞士法郎

项目国家	指定申请			续展		
	首一类	三个类以内	每增加一个类	首一类	三个类以内	每增加一个类
英国	202		56	224		56
丹麦	257	26（第二个类）	77	257	26（第二个类）	77
挪威	280（386）		72（159）	251（497）		97（203）
芬兰	243（324）		108（108）	243（324）		108（108）
瑞典	226		89	226		89
冰岛	224（224）		48（48）	224（224）		48（48）
爱沙尼亚	151（203）		47（47）	188（235）		0

续表

项目国家	指定申请			续展		
	首一类	三个类以内	每增加一个类	首一类	三个类以内	每增加一个类
格鲁吉亚	314		115	314		115
日本	304		285	300		300
土库曼斯坦	228		91	456		228
希腊	127（634）		21（106）	116（581）		21（106）
新加坡	261		261	302		302
澳大利亚	263		263	263		263
爱尔兰	257		73	262		131
韩国	224		224	256		256
美国	460		460	276		276
欧盟	897（1531）	55（第二个类）（55）	164（164）	897（1531）	55（第二个类）（55）	164（164）
土耳其	37	37(第二个类）	43	121（宽展期：225）		0
巴林	1710（2105）		1710（2105）	1710（2105）		1710（2105）
乌兹别克斯坦	1028（1543）		103（154）	514（1028）		51（103）
加纳	379		379	370		370
阿曼	484（1211）		484（1211）	727（1453）		727（1453）
以色列	472		355	841		709
库拉索		294（584）	30（60）		294（584）	30（60）
波内赫、圣尤斯特歇斯和萨巴群岛		195（279）	20（20）		319（581）	56（56）

续表

项目国家	指定申请			续展		
	首一类	三个类以内	每增加一个类	首一类	三个类以内	每增加一个类
菲律宾	101		101	156		156
新西兰	63		63	126		126
墨西哥	132		132	127		127
哥伦比亚（请见注6）	243（323）		121（162）	132（宽展期：181）		65（宽展期：89）
叙利亚	73		73	73		73
印度	124		124	124		124
突尼斯	180		36	234		54
圣马丁		298（593）	31（61）		298（593）	31（61）
非洲知识产权组织（请见注7）	572		119	794（宽展期：加收207）		159
津巴布韦	97		58	78		78
冈比亚	97		97	243		0
老挝	61		44	61		44
安提瓜和巴布达	220		0	102		0
文莱	196		107	143		143
柬埔寨	139		139	139		139
泰国	418		418	522		522
印度尼西亚	125		125	156（宽展期：313）		156（宽展期：313）
赞比亚	65		52	216		173
萨摩亚	173		173	173		173
加拿大	255		77	309		96

续表

项目国家	指定申请			续展		
	首一类	三个类以内	每增加一个类	首一类	三个类以内	每增加一个类
巴西	75 135		75 135	193 （宽展期：292）		193 （宽展期：292）
马来西亚	259		259	236		236
特立尼达和多巴哥	191		20		191	0
巴基斯坦	54		54	48		48
根西岛	226		23	226		23
阿联酋	1630		1630	1630		1630
牙买加	188 （304）		25 （25）	117 （117）		25 （25）
智利	298		298	446		446
伯利兹	226		48	178		36
毛里求斯	124		41	104		41

资料来源：国家知识产权局商标局中国商标网，https://sbj.cnipa.gov.cn/sbj/gjzc/202203/t20220316_21814.html，最后访问日期：2023 年 5 月 25 日。

注：1. 圆括号中数字为集体、证明商标收费标准。

2. 单独收费的标准不是固定的，国际局将根据汇率的变化或者应单独收费国因国内收费标准变化的要求及时将各国新的单独收费标准通知各成员国。（请登录 www.wipo.int 进行查询）

3. 日本申请费用为第一个类 92 瑞士法郎，每增加一个类增加 70 瑞士法郎，注册成功后收取注册费用每个类 267 瑞士法郎。该收费标准自 2022 年 4 月 1 日起开始执行。

4. 表上没有列的国家均为 3 个类别以内 100 瑞士法郎。

5. 后续业务的收费标准：后期指定的 基础注册费为 300 瑞郎，转让规费为 177 瑞郎（每个国际注册号），变更规费为 150 瑞郎（每件变更申请），删减规费为 177 瑞郎（每个国际注册号），续展基础注册费 653 瑞郎，宽展费 326.5 瑞郎。放弃申请、注销申请、代理人名称或地址变更申请、指定代理人申请均免费办理。

6. 哥伦比亚：进入宽展期的商标，续展费为首一类 177 瑞士法郎，每增加一类 87 瑞士法郎。

7. 非洲知识产权组织：进入宽展期的商标，续展费加收 229 瑞士法郎。

8. 巴西：申请费用为每个类别 75 瑞士法郎，注册成功后，每个类别再收取 135 瑞士法郎的注册费用。续展费用为每个类别 193 瑞士法郎，但进入宽展期的商标，每个类别 292 瑞士法郎。

31. 什么是马德里商标后期指定？

解答：马德里商标后期指定是指商标获得马德里国际注册后，商标注册人就该国际注册所有或部分商品和服务申请领土延伸至一个或多个马德里联盟下的国家。

注册人提交马德里商标国际注册后期指定申请材料可以纸质提交，也可以线上提交。其中，一份后期指定申请，仅可涉及一个国际注册号；所涉及的商品或者服务不得超出该国际注册商标原有的商品或者服务范围；如国际注册日期早于其加入马德里议定书的日期，则不得通过后期指定程序指定该缔约方。

后期指定申请形式审查合格后，国家知识产权局向注册人或代理人寄送《商标国际注册缴费通知书》。注册人或代理人按照通知书的要求在规定期限内缴纳相应的费用后，国家知识产权局向注册人或代理人寄送《受理通知书》。

第二章　如何维护注册商标有效性?

32. 如何变更注册商标信息？

解答：注册商标的权利人如果名义、地址或者其他注册事项发生变更的，应当提出变更申请；未获准注册的商标，其名义、地址或者其他注册事项发生变更的，也可以向商标局申请办理相应的变更手续。但因继承、企业合并、兼并或改制等发生商标专用权移转的，应当办理移转手续。

提交变更申请，除提交申请人的身份证明文件复印件外，还需要登记机关出具的变更证明文件。变更商标注册人名义或地址的，注册人应将其全部注册商标一并变更。对于不再使用的商标，可办理注销程序。

变更程序审查一般 1–2 个月。变更核准后，国家知识产权局发给申请人核准通知书或变更证明。

· 适用法条 ·

《商标法》

第四十一条　注册商标需要变更注册人的名义、地址或者其他注册事项的，应当提出变更申请。

33. 如何转让商标？

解答：转让注册商标的，转让人和受让人应当共同到商标局办理注册商标的转让手续，双方均为申请人。

办理转让商标，转让人和受让人除提交双方的身份证明文件复印件外，还需要提交双方法定代表人签字并盖章的转让声明或转让合同。对于在同一种商品或类似商品上注册的相同或近似商标，应当一并转让。

转让程序审查一般为4—8个月。转让核准后，国家知识产权局发给受让人转让核准通知书或转让证明并予以公告。受让人自公告之日起享有商标专用权。

· 适用法条 ·

《商标法》

第四十二条　转让注册商标的，转让人和受让人应当签订转让协议，并共同向商标局提出申请。受让人应当保证使用该注册商标的商品质量。

转让注册商标的，商标注册人对其在同一种商品上注册的近似的商标，或者在类似商品上注册的相同或者近似的商标，应当一并转让。

对容易导致混淆或者有其他不良影响的转让，商标局不予核准，书面通知申请人并说明理由。

转让注册商标经核准后，予以公告。受让人自公告之日起享有商标专用权。

34. 什么是商标移转？

解答：注册商标移转是指在转让之外，因注册人死亡、终止等事由发生商标专用权移转的情形。商标移转也应当办理商标转让申请。因为移转申请通常为注册人终止、死亡情形，因此与一般的商标转让不同，申请人通常为接收商标专用权的当事人一方。

在提交转让申请时，只需提交注册人终止、死亡的证明文件，无须其身份证明文件。注册人死亡、终止的，无须盖章、签字。

此外，注册商标专用权移转的，注册商标专用权人在同一种或者类似商品上注册的相同或者近似的商标，应当一并移转。

· 适用法条 ·

《商标法实施条例》

第三十二条　注册商标专用权因转让以外的继承等其他事由发生移转的，接受该注册商标专用权的当事人应当凭有关证明文件或者法律文书到商标局办理注册商标专用权移转手续。

注册商标专用权移转的，注册商标专用权人在同一种或者类似商品上注册的相同或者近似的商标，应当一并移转；未一并移转的，由商标局通知其限期改正；期满未改正的，视为放弃该移转注册商标的申请，商标局应当书面通知申请人。

商标移转申请经核准的，予以公告。接受该注册商标专用权移转的当事人自公告之日起享有商标专用权。

35. 如何合法使用注册商标？

解答：商标核准注册后，注册人应合法有效地行使商标注册专用权，最大限度地维护自身知识产权，需要注意以下事项：

（1）注册商标有效期为10年，自核准注册之日起计算。注册商标有效期满，需要继续使用的，应当在期满前 12 个月内申请续展注册；在此期间未能提出申请的，可以给予6个月的宽展期。宽展期满仍未提出申请的，注销其注册商标。每次续展注册的有效期为 10 年。续展注册经核准后，予以公告。

（2）注册商标连续 3 年不使用，面临被国家知识产权局或者第三方撤销的风险。商标法及商标法实施条例所指的“使用”，包括将商标用于商品、商品包装或者容器以及商品交易文书上，或者将商标用于广告宣传、展览以及其他商业活动中。

（3）商标注册人应规范使用注册商标。注册商标需要改变其标志的，应当重新提出注册申请。

（4）如需变更注册人名义、地址、代理人，或者删减指定的商品，可以向国家知识产权局办理变更手续；如需许可他人使用，应向国家知识产权局办理商标使用许可合同备案手续；如需转让注册商标，应当向国家知识产权局办理转让手续。

· 适用法条 ·

《商标法》

第四十九条　商标注册人在使用注册商标的过程中，自行改变注册商标、注册人名义、地址或者其他注册事项的，由地方工商行政管理部门责令限期改正；期满不改正的，由商标局撤销其注册商标。

注册商标成为其核定使用的商品的通用名称或者没有正当理由连续三年不使用的，任何单位或者个人可以向商标局申请撤销该注册商标……

第五十二条　将未注册商标冒充注册商标使用的，或者使用未注册商标违反本法第十条规定的，由地方工商行政管理部门予以制止，限期改正，并可以予以通报，违法经营额五万元以上的，可以处违法经营额百分之二十以下的罚款，没有违法经营额或者违法经营额不足五万元的，可以处一万元以下的罚款。

36. 注册商标被提起撤销连续 3 年不使用程序如何应对？

解答：商标注册申请应以使用为目的，商标注册后，如果不进行商业性使用，则面临被撤销的风险。

如果注册商标被他人提起“撤三”，国家知识产权局会将撤销申请人的相关信息以通知书的形式发给商标权利人，并限期商标注册人在收到通知书之日起 2 个月内提供自撤销之日起往前 3 年的商标使用证明。逾期不提供或提供的证据不能证明该商标进行有效使用的，则撤销该注册商标。

商标权利人收到提供证据使用通知后应积极向国家知识产权局提供商标相关使用证据，证明在近 3 年内进行了合法有效的使用，才能确保商标不予被撤销。

· 适用法条 ·

《商标法》

第四十九条　……注册商标成为其核定使用的商品的通用名称或者没有正当理由连续三年不使用的，任何单位或者个人可以向商标局申请撤销该注册商标……

37. 注册商标撤销连续 3 年不使用程序如何认定使用证据的有效性？

解答：国家知识产权局针对“撤三”提交的“商标使用证据”的认定标准日趋严格，怎样才算有效的使用证据？具体说来，要从使用商标、使用的商品或服务、使用时间等几个方面去理解。

最佳的使用证据是“商标使用在与商品销售或服务有联系的交易文书上（包括合同以及对应的销售单据或发票）”，因其直接反映商标使用的公开性、交易性、真实性，而且能够明确反映商标使用的时间（签署日期或相关单据出具日期），该等交易文书包括商品销售合同、服务合同、相关发票、出货单、提货单、相关收据等形式。

对于“撤三”使用证据的形式，国家知识产权局针对商品及服务也有专门的具体要求：

（1）商标使用在指定商品上的具体表现形式有：

- 采取直接贴附、刻印、烙印或者编织等方式将商标附着在商品、商品包装、容器、标签等上，或者使用在商品附加标牌、产品说明书、介绍手册、价目表等上；
- 商标使用在与商品销售有联系的交易文书上，包括使用在商品销售合同、发票、票据、收据、商品进出口检验检疫证明、报关单据等上；
- 商标使用在广播、电视等媒体上，或者在公开发行的出版物中发布，以及以广告牌、邮寄广告或者其他广告方式为商标或者使用商标的商品进行的广告宣传；
- 商标在展览会、博览会上使用，包括在展览会、博览会上提供的使用该商标的印刷品以及其他资料；
- 其他符合法律规定的商标使用形式。

（2）商标使用在指定服务上的具体表现形式有：

- 商标直接使用于服务场所，包括使用于服务的介绍手册、服务场所招牌、店堂装饰、工作人员服饰、招贴、菜单、价目表、奖券、办公文具、信笺以及其他与指定服务相关的用品上；
- 商标使用于和服务有联系的文件资料上，如发票、汇款单据、提供服务协议、维修维护证明等；
- 商标使用在广播、电视等媒体上，或者在公开发行的出版物中发布，以及以广告牌、邮寄广告或者其他广告方式为商标或者使用商标的服务进行的广告宣传；
- 商标在展览会、博览会上使用，包括在展览会、博览会上提供的使用该商标的印刷品及其他资料；

• 其他符合法律规定的商标使用形式。

（3）以下情形，不被视为《商标法》意义上的商标使用：

• 商标注册信息的公布或者商标注册人关于对其注册商标享有专用权的声明；

• 未在公开的商业领域使用；

• 仅作为赠品使用；

• 仅有转让或许可行为而没有实际使用；

• 仅以维持商标注册为目的的象征性使用。

（4）仅提交下列证据，不视为《商标法》意义上的商标使用：

• 商品销售合同或提供服务的协议、合同；

• 书面证言；

• 难以识别是否经过修改的物证、视听资料、网站信息等；

• 实物与复制品。

（5）有以下情形之一的，属于连续 3 年不使用的正当理由：

• 不可抗力；

• 政府政策性限制；

• 破产清算；

• 其他不可归责于商标注册人的正当事由。

（6）当事人可以声明使用前案证据材料：

• 当事人于在先的“撤三”案件中，已经提交过使用证据，且相关使用证据能够证明本案中商标使用行为的，可不再重复提交。前案使用证据应在使用时间、使用的商品 / 服务、使用的商标标志三方面与本案一致或重合。

• 当事人需要使用前案使用证据的，应随《关于提供注册商标使用证据的通知》交回相关书面声明，说明前案（“撤三”案件）相关的申请号及商标注册号，以便审查员查阅。未予以说明或说明不清晰无法查阅的，视为本案未提交相关证据。

- 当事人在本案中提交了使用证据，同时声明使用前案使用证据材料的，如果前案证据材料与本案提供的证据材料有冲突或不一致的，审理时以本案证据材料为准。

· 适用法条 ·

《商标法》

第四十八条　本法所称商标的使用，是指将商标用于商品、商品包装或者容器以及商品交易文书上，或者将商标用于广告宣传、展览以及其他商业活动中，用于识别商品来源的行为。

38. 学会如何避免自身品牌变成通用名称（失去显著性）？

解答：学会由于其行业先锋地位，往往创设很多专有名词等，一开始作为学会的品牌使用，但随着学会在行业中的影响力越来越大，该等品牌名称逐渐变成行业通用名词等。此时，学会作为商标注册人，应当在使用过程中注意发挥商标区分商品/服务来源的功能(商标性使用),而不是不同商品/服务。实践中可以通过标 ™（表示该标志为“商标性使用”）或®（表示该标志为已注册商标）避免学会商标被淡化，成为相关商品服务的通用名称，起不到品牌作用。

此外，学会不仅应当注意商标性使用，并且应注意留存日常协议、发票、活动现场、媒体平台以及广告投放过程中形成的商标使用证据，以应对注册商标连续 3 年不使用撤销申请程序，以及在其他案件中予以充分利用。

39. 注册商标被他人提起无效宣告申请如何应对？

解答：针对已注册商标，在先权利人可以根据《商标法》第 44 条、第 45 条的规定申请注册商标无效宣告。就法律依据而言，申请注册商标无效宣告与上述申请商标异议程序基本一致（详细请见第 21 题的解答）。虽然《商标法》第 44 条规定，任何人认为已注册商标以欺骗手段或者其他不正当手段取得注册的，可以申请该商标无效，而《商标法》第 33 条却没有此规定，但是申请商标注册应当遵守诚实信用原则，因此实务中该等规定所体现的标准亦在商标异议和不予注册复审程序中得到相应参照。

程序上，根据《商标法》第 45 条的规定，国家知识产权局针对注册商标作出的维持注册商标或者宣告注册商标无效的裁定，当事人对裁定不服的，可以在法定期限内向人民法院起诉。

如果学会内部具备专业人士能够胜任无效宣告答辩程序，学会可以选择自行答辩。但如果学会内部未设置专门的商标人才岗位，鉴于商标评审案件涉及各种复杂流程，需要实时监测，因此整体上建议委托外部专业代理机构进行答辩。

· 适用法条 ·

《商标法》

第四十四条　已经注册的商标，违反本法第四条、第十条、第十一条、第十二条、第十九条第四款规定的，或者是以欺骗手段或者其他不正当手段取得注册的，由商标局宣告该注册商标无效；其他单位或者个人可以请求商标评审委员会宣告该注册商标无效……

第四十五条　已经注册的商标，违反本法第十三条第二款和第三款、第十五条、第十六条第一款、第三十条、第三十一条、第三十二条规定的，自商标注册之日起五年内，在先权利人或者利害关系人可以请求商标评审委员会宣告该注册商标无效。对恶意注册的，驰名商标所有人不受五年的时间限制。

商标评审委员会收到宣告注册商标无效的申请后，应当书面通知有关当事人，并限期提出答辩。商标评审委员会应当自收到申请之日起十二个月内做出维持注册商标或者宣告注册商标无效的裁定，并书面通知当事人。有特殊情况需要延长的，经国务院工商行政管理部门批准，可以延长六个月。当事人对商标评审委员会的裁定不服的，可以自收到通知之日起三十日内向人民法院起诉。人民法院应当通知商标裁定程序的对方当事人作为第三人参加诉讼。

……

40. 注册商标可以主动申请注销吗？

解答：商标注册人申请注销其注册商标或者注销其商标在部分指定商品上的注册，经商标局核准注销的，该注册商标专用权或者该注册商标专用权在该部分指定商品上的效力自商标局收到其注销申请之日终止。商标注册人申请注销其商标在部分指定商品上的注册的，商标局重新核发《商标注册证》，并予以公告。

办理注销申请必须为注册商标。质押查封中的商标，须经质权人同意才可注销。被人民法院查封冻结的商标不能注销。

· 适用法条 ·

《商标法实施条例》

第七十三条　商标注册人申请注销其注册商标或者注销其商标在部分

指定商品上的注册的，应当向商标局提交商标注销申请书，并交回原《商标注册证》。

41. 注册商标专用期限是多久？

解答：注册商标专用期限为10年，自核准注册之日起计算。

· 适用法条 ·

《商标法》

第三十九条　注册商标的有效期为十年，自核准注册之日起计算。

42. 注册商标什么时候可以申请续展？

解答：注册商标的有效期为10年。期满后需要继续使用的，应当在期满前的12个月办理续展手续；在此期间未能办理的，可以给予6个月的宽展期。宽展期内未申请续展的，注册商标将无效。

例如，某注册商标2022年12月27日有效期满，续展日期自2021年12月28日起到2022年12月27日止，到期未提交续展申请，宽展期自2022年12月28日起到2023年6月27日止。宽展期内提交续展申请需要缴纳延迟费。宽展期内未申请续展的，注册商标将无效。

· 适用法条 ·

《商标法》

第四十条　注册商标有效期满，需要继续使用的，商标注册人应当在期满前十二个月内按照规定办理续展手续；在此期间未能办理的，可以给予六个月的宽展期。每次续展注册的有效期为十年，自该商标上一届有效期满次日起计算。期满未办理续展手续的，注销其注册商标……

43. 商标注册证遗失怎样补办？

解答：商标注册证如果遗失，商标权利人可选择直接办理或委托在商标局备案的商标代理机构办理商标注册证补发申请。

《商标注册证》补发申请，需要提交相应的文件并缴纳官费，经审查核准后，商标局在《商标公告》上刊登遗失声明，并下发《商标注册证》。

· 适用法条 ·

《商标法实施条例》

第六十四条　《商标注册证》遗失或者破损的，应当向商标局提交补发《商标注册证》申请书……

44. 注册商标是否可以质押？

解答：未被注销或撤销以及违背人民法院查封的注册商标可以出质。

· 适用法条 ·

《商标法实施条例》

第七十条　以注册商标专用权出质的，出质人与质权人应当签订书面质权合同，并共同向商标局提出质权登记申请，由商标局公告。

45. 注册商标如何进行质押登记？

解答：注册商标专用权质权登记由质权人和出质人共同提出申请。此外，与出质商标相同近似的商标必须一并出质。共有商标办理质权登记的，除全体共有人另有约定的以外，应当取得其他共有人的同意。

申请注册商标专用权质权登记的，应提交下列文件：（1）申请人签字或者盖章的《商标专用权质权登记申请书》；（2）主合同和注册商标专用权质权合同；（3）申请人签署的承诺书；（4）委托商标代理机构办理的，还应当提交商标代理委托书。

上述文件为外文的，应当同时提交其中文译文。中文译文应当由翻译单位和翻译人员签字盖章确认。

申请登记书件齐备、符合规定的，予以受理，受理日期即为登记日期。自登记之日起 2 个工作日内向双方当事人发放《商标专用权质权登记证》。

· 适用法条 ·

《注册商标专用权质押登记程序规定》（国家知识产权局第三五八号公告）

第三章　如何保证品牌资产授权的合规性?

46. 学会内部如何规范品牌资产的使用管理？

解答：学会的品牌资产包括学会会徽、期刊名称、知名会议名称及展会名称等能够引发学会品牌联想的标志。上述品牌资产通过文字、图形、字母、数字、三维标志、颜色组合和声音等，以及上述要素的组合呈现。使用场景大到学会和所属各分支机构组织举办的各种会议或者活动现场、工作场所、奖状、聘书、官方网站、新媒体公众号、出版物和宣传品等，小到学会和所属各分支机构工作使用的信封、信笺、请柬、名片等，均可以印制会徽图案和/或使用品牌内容。

可见，学会品牌内容以及使用场景远比想象中丰富。而品牌资产代表学会声誉，学会应当确保建立内部商标管理制度，规范品牌资产的使用管理，防止专委会、分会、学会秘书处混用标志。

学会内部商标管理制度应当明确学会品牌资产的使用方式、使用范围、使用期限以及使用时的具体限制等内容；特别是在授权使用过程中，用于约束会员单位或者下属单位的规章制度问题，通过摸索并确立一套学会内部关于品牌使用的规范，以充分保护学会品牌资产。制度应当至少包括以下方面：界定学会品牌资产内容及其使用范围、管理学会品牌资产的权力机构、使用品牌内容的报批程序、品牌保护（检举侵权行为、积极配合维权等）以及其他品牌管理相关规定。以下附《全国学会品牌资产管理制度（参考模版）》

××× 学会品牌管理制度

第一章　总　　则

第一条　为了加强 ××× 学会品牌管理，保护学会无形资产，维护学会信誉，加强一流学会建设，根据《中华人民共和国商标法》等有关法律、法规和规范性文件，特制定本制度。

第二条　品牌管理的目标：通过正确运作学会品牌并规范使用流程，不断提高学会品牌的信誉价值，争创成为一流学会。

第三条　品牌内容：学会会徽、期刊名称、知名会议名称及展会名称等具有一定影响力的标志，包括文字、图形、字母、数字、三维标志、颜色组合和声音等，以及上述要素的组合。

第二章　品牌内容使用

第四条　品牌内容的使用范围包括：

（一）××× 学会和所属各分支机构召开的代表大会、委员会全体会议，可以悬挂会徽和 / 或使用品牌内容。

（二）××× 学会和所属各分支机构的工作场所，可以悬挂会徽、使用会徽图案和 / 或使用品牌内容。

（三）××× 学会和所属各分支机构主办的重要会议和重大活动，可以悬挂会徽和 / 或使用品牌内容。

（四）××× 学会和所属各分支机构工作使用的信封、信笺、请柬、名片等，可以印会徽图案和 / 或使用品牌内容。

（五）××× 学会颁发的奖状、奖牌、奖旗、奖章、聘书和荣誉证书等，可以印会徽图案和 / 或使用品牌内容。

（六）××× 学会和所属各分支机构主办或制作的非商业用途的官方

网站、新媒体公众号、报纸、杂志、音像制品、其他出版物和宣传品，可以使用会徽图案和/或使用品牌内容。

（七）其他经批准同意后的情况。

第五条 使用品牌内容的程序

（一）××× 学会负责品牌管理的专责部门为学会办公室（以下称“办公室”）。

（二）需使用品牌内容的部门以及各分支机构均要填写《××× 学会无形资产使用审批单》，并将符合使用条件的证明材料报至办公室核准。

（三）经办公室核准，分管领导批准后由办公室发给对应申请的品牌内容。使用方案依核定项目实施，严格按照品牌的内容、文字、图形组合规范使用。

（四）品牌内容使用中的重大问题通过学会议事制度讨论决定。

（五）所有品牌内容须有专人保管，建立严格的登记领用制度。使用过程中发现问题应及时纠正，若出现违反规范使用的现象，经指出仍不改正者，将取消其使用学会品牌内容的资格；未经核准擅自使用者，永久取消其使用学会品牌内容的资格，并且学会保留追究相关法律责任的权利。

第三章 品牌保护

第六条 学会及分支机构如在工作过程中发现某些标志已经具有了一定的影响力，且与 ××× 学会的声誉具有密切联系，应当及时确定是否通过提交商标注册申请或其他方式进行知识产权保护，并进行相应操作。

第七条 ××× 学会依法保护品牌内容权益不受侵犯，学会和所属各分支机构发现侵权行为时，有义务及时报告或向学会办公室举报。

第八条 学会对受理的侵权案件应及时进行调查取证，各相关部门应予以配合。对经初步审核涉嫌侵权的案件，可采取委托律师予以解决、报请工商行政主管部门予以查处或对侵权方提起诉讼等方式积极处理。

第九条　办公室作为负责品牌管理的专责部门，负责处理品牌侵权纠纷事宜。

第四章　品牌内容管理

第十条　办公室负责品牌内容的档案管理。办公室应遵循维护档案资料的完整性、真实性、安全性的原则，统一建档管理。

第五章　附　　则

第十一条　本制度在执行过程中如有与国家法律、法规相抵触的，以国家法律、法规为准。

第十二条　本制度由办公室负责解释。

第十三条　本制度经 ××× 学会 × 届 × 次常务理事会审议通过，自颁布之日起执行。

47. 学会如何规范使用品牌资产？

解答：对于注册商标，应当严格按照商标注册证所记载信息使用商标。不随意改变商标形态或者商标相关信息，需要改变商标形态的，应当重新提出注册申请；如果学会商标尚未在欲使用的商品 / 服务上获准注册，应当及时申请商标注册，并且使用时应当严格按照学会品牌管理制度，不能随意改变商标形态等。如果许可他人使用，应当将商标使用许可报国家知识产权局备案，并在专业律师的协助下，通过商标许可使用协议充分约定相关权利义务。

学会在展会、会议等线下渠道，抑或网站 / 公众号 / 视频号等线上渠道规范使用注册商标，不仅体现学会对外形象的一致严肃性，而且可以避免因不规范使用而侵犯他人权利的可能性。

此外，学会由于其行业先锋地位，往往会创设很多专有名词等，刚开始作为学会的品牌使用，但随着学会在行业中的影响力越来越大，该等品牌名称逐渐变成行业通用名称。此时，学会作为商标注册人，应当在使用过程中注意发挥商标区分商品 / 服务来源的功能，而不是不同商品 / 服务。实践中可以通过标 TM（表示该标志为“商标性使用”）或®（表示该标志为“已注册商标”）避免学会商标被淡化，成为相关商品服务的通用名称，起不到品牌作用。

最后，学会不仅应当注意规范使用，并且应注意留存日常协议、发票、活动现场、媒体平台以及广告投放过程中形成的商标使用证据，以应对注册商标连续 3 年不使用撤销申请程序，也可以在其他案件中予以充分利用。

· 适用法条 ·

《商标法》

第二十四条　注册商标需要改变其标志的，应当重新提出注册申请。

第四十九条　商标注册人在使用注册商标的过程中，自行改变注册商标、注册人名义、地址或者其他注册事项的，由地方工商行政管理部门责令限期改正；期满不改正的，由商标局撤销其注册商标。

注册商标成为其核定使用的商品的通用名称或者没有正当理由连续三年不使用的，任何单位或者个人可以向商标局申请撤销该注册商标。商标局应当自收到申请之日起九个月内做出决定。有特殊情况需要延长的，经国务院工商行政管理部门批准，可以延长三个月。

48. 学会如何在与外部机构合作过程中合规使用学会品牌资产？

解答：整体上，在与外部机构合作过程中学会应当遵循以下原则：主动掌握商标注册权 + 保证商标规范使用。具体为：

主动掌握商标注册权，是指学会需要尽早获得举办的会议、活动、主办期刊的名称及其产生的奖项、荣誉称号等其他品牌资产的注册商标权。后续，学会将上述注册商标许可外部机构使用，以此确保学会拥有排他性商标权利，同时防止别有用心之人抢注的可能性。

保证商标规范使用，是指学会取得商标注册权后对外许可使用时，应当通过协议严格约定外部机构能够使用的范围以及时间等重要问题，协议内容应当包括但不限于：

- 授权商标图样、授权商标注册号、商标授权许可使用的商品 / 服务（全部 / 部分核定商品 / 服务）等基本信息；
- 授权许可时间；
- 授权许可类型（普通许可、独占许可、排他许可）；
- 授权许可地域范围（国内为限）；
- 授权许可使用场景及其形态（商品包装、容器、标签、介绍手册、期刊需要标志学会品牌的具体位置，场所招牌、工作人员服饰、奖券、办公文具、信笺、销售合同、发票、票据、收据、电子商务经营的交易单据或者交易记录、广播、电视、互联网等媒体上、广告、展览会、博览、检测或鉴定机构及行业组织出具的法律文书、证明文书等）；
- 针对商品 / 服务的品质规范条款（必须在使用注册商标的商品上标明被许可人的名称和商品产地等）；
- 知识产权权属条款。

· 适用法条 ·

《商标法》

第四十三条　商标注册人可以通过签订商标使用许可合同，许可他人使用其注册商标。许可人应当监督被许可人使用其注册商标的商品质量。

被许可人应当保证使用该注册商标的商品质量。

经许可使用他人注册商标的，必须在使用该注册商标的商品上标明被许可人的名称和商品产地。

许可他人使用其注册商标的，许可人应当将其商标使用许可报商标局备案，由商标局公告。商标使用许可未经备案不得对抗善意第三人。

49. 如何进行商标使用许可备案？

解答：商标许可备案是商标注册人通过签订使用许可合同，许可他人使用其注册商标的一种行为。许可人应当在许可合同有效期内，将商标使用许可报国家知识产权局商标局备案，并由商标局公告。商标注册人作为许可备案的申请人，须提交许可备案表及许可人被许可人的身份证明文件或主体证明文件。

注意事项：

商标应为有效注册商标，且不存在权利限制。如果被人民法院禁止许可，应出具由法院同意许可证明的原件。如在先办理过质押登记，应出具质押权人同意许可证明的原件。

许可期限不得超出注册商标的有效期限。不得与许可人、被许可人民事主体的存续期间存在冲突。不得与许可人、注册人取得该商标权的时间冲突。比如正在办理转让，并且以许可人的名义许可第三方的，应当在商标转让完成之后才可以许可，且许可生效日期必须在转让公告之日起备案。

许可使用的许可商品/服务名称应当与商标注册证核定使用商品/服务名称一致，不得超出核定使用范围。

许可备案通过后，商标局将发给申请人许可备案通知书，并予以公告。[1]

1 参见《商标注册后续程序知识短视频》，载国家知识产权局商标局 中国商标网，http://sbj.cnipa.gov.cn/sbj/sbsq/202201/t20220121_5968.html。

· 适用法条 ·

《商标法》

第四十三条　商标注册人可以通过签订商标使用许可合同，许可他人使用其注册商标。许可人应当监督被许可人使用其注册商标的商品质量。被许可人应当保证使用该注册商标的商品质量。

经许可使用他人注册商标的，必须在使用该注册商标的商品上标明被许可人的名称和商品产地。

许可他人使用其注册商标的，许可人应当将其商标使用许可报商标局备案，由商标局公告。商标使用许可未经备案不得对抗善意第三人。

《商标法实施条例》

第六十九条　许可他人使用其注册商标的，许可人应当在许可合同有效期内向商标局备案并报送备案材料。备案材料应当说明注册商标使用许可人、被许可人、许可期限、许可使用的商品或者服务范围等事项。

50. 学会是否需要聘请专业人士参与品牌资产的管理？

解答：品牌资产管理对专业性要求极高，学会非常需要聘请专业人士参与管理。

根据 2021 年全国学会法治能力调研，59% 的全国学会未聘请外部法律顾问，57% 的学会既无法务岗位，也无法律顾问。全国学会在应对商标纠纷解决、维护自身品牌资产合法权益时严重缺少专业力量支撑，面对市场主体“律师函”不敢维权、无法有效维权。

商标维权工作成本高、耗时长、专业性强，只有在外部法律专家与内部法律防控部门相互配合下才能形成专业性的建议，开展梳理品牌资产清单、商标注册、证据固定、诉讼维权、知识产权合规性审核、建立品牌运营管理合规规章制度等专业化全链条保护工作，规避财产损失和减少因商标纠纷造成的社会不良影响。全国学会有必要完善外部法律服务顾问制度，逐步形成“学会内部风险防控—外部法律顾问—科协法律服务专家团队”的上下联动法律风险防控组织体系。

品牌法律保护具有极强的专业性，涉及包括《商标法》、《商标法实施条例》、最高人民法院《关于审理商标民事纠纷案件适用法律若干问题的解释》、最高人民法院《关于审理商标授权确权行政案件若干问题的规定》、《集体商标、证明商标注册和管理办法》、《驰名商标认定和保护规定》、《反不正当竞争法》、《民法典》、《刑法》等至少 20 多部法律法规。以学会商标申请注册为例，可能涉及商标选择、前期检索、可注册性分析、申请类别确定、商标申请提交、形式审查、补正、实质审查、驳回、驳回复审、公告、异议、不予注册复审、无效宣告、撤销 3 年不使用等众多环节；而一件商标从申请到获准注册，完全顺利的情况下，也至少需要 9 个月的时间。而当学会商标被抢注，需要通过异议、不予注册复审、无效宣告、撤销 3 年不使用等途径进行维权时，其可能涉及的行政和司法程序的周期大概为 1—4 年。上述工作，完全依靠学会自身难以开展，这正是学会需要聘请专业人士参与品牌资产管理的意义所在。

第四章　如何有效针对品牌资产维权？

51. 学会下级单位注册与学会品牌资产相同 / 近似的标志如何处理？

解答：学会如果不及时将自身品牌资产申请注册为商标，那么标志被抢注，甚至学会针对品牌的使用反向侵犯他人权益等一系列风险将持续存在。

如果学会下级单位注册与学会品牌资产相同的标志属于针对学会品牌资产的抢先注册（可暂时不作为恶意抢注理解），导致这一结果的主要原因是学会内部没有形成品牌管理制度，也就是下级单位没有意识到其申请注册的商标侵犯其上级单位的合法权利。可以通过沟通协商由下级单位转让该等商标至学会名下。

学会下级单位注册与学会品牌资产近似的标志可能存在以下情形：（1）学会与下级单位各自组织的活动名称等确实存在近似之处，该等情况下下级单位将自己主办的活动名称申请为商标注册存在一定的合理之处，学会应当根据内部管理制度，妥善处理；（2）如果下级单位将原本属于学会的品牌资产稍作修改后注册为商标，则属于抢注，学会可以通过协商解决，转让取得商标权。但由于该等商标为近似商标，学会应当尽早申请注册完全对应自身品牌资产的商标。如果协商不成，学会可以根据《商标法》第 45 条的规定向国家知识产权局申请无效宣告该等抢注商标（具体介绍请见第55道问题的解答）。如果商标注册超过 3 年，可以依据《商标法》第 49 条的规定提起撤销连续 3 年不使用申请（具体介绍请见第 56 道问题的解答）。如果商标未注册，已经初步审定公告，自公告之日起 3 个月内，学会可以根据《商标法》第 33 条的规定向商标局提出异议（具体介绍请见第 54 道问题的解答）。

52. 学会外部合作单位抢注与学会品牌资产相同 / 近似的标志如何处理？

解答：合作单位未经允许抢注学会品牌资产有失妥当，尤其当学会作为合作事项主办方时，对学会的打击非比寻常。然而，如果学会提前将该等品牌申请注册为商标，即可避免上述风险。

如果题述风险已然是事实，学会可以主动协商，争取免费转让取得商标权。如果协商不成，学会可以根据《商标法》第 45 条的规定向国家知识产权局申请无效宣告该等抢注商标（具体介绍请见第 54 道问题的解答）。如果商标注册超过 3 年，可以依据《商标法》第 49 条的规定提起撤销连续 3 年不使用申请（具体介绍请见第 56 道问题的解答）。如果商标未注册，已经初步审定公告，自公告之日起 3 个月内，学会可以根据《商标法》第 33 条的规定向商标局提出异议（具体介绍请见第 54 道问题的解答）。

此外，学会与外部单位合作签订协议时应当明确约定知识产权归属，一旦题述侵权行为发生，学会还可以通过向人民法院起诉，要求对方承担相应的违约责任。

53. 他人抢注学会品牌资产如何维权？

解答：学会品牌资产被他人抢注为商标，实际为学会没有将其注册为自身商标的不利后果之一。因此，学会首要的防范措施应当体现在尽早将学会品牌资产注册为商标，从源头上防范抢注风险。

如果学会一旦发现其品牌资产被他人抢注为商标，应当积极维权，学会可以根据《商标法》第 45 条的规定向国家知识产权局申请无效宣告该等抢注商标（具体介绍请见第 55 道问题的解答）。如果商标注册超过 3 年，可以依据《商标法》第 49 条的规定提起撤销连续 3 年不使用申请（具体介绍请见第 56 道问题的解答）。如果商标未注册，已经初步审定公告，自公告之日起 3 个月内，学会可以根据《商标法》第 33 条的规定向商标局提出异议（具体介绍请见第 54 道问题的解答）。同时，学会应当同步申请注册相关商标，以保证排除障碍后学会的商标及时获权。

同时，如果双方自愿转让商标，学会可以将转让获得商标权的途径纳入考虑范围。但是，申请商标注册应当遵守诚实信用原则，买卖商标可能助长抢注之不良社会风气。因此，除非抢注者自愿将商标免费转让至学会名下，否则买卖商标不值得提倡。

54. 如何针对他人商标提起异议申请？

解答：根据《商标法》第 33 条的规定，针对已经初步审定公告的商标，自公告之日起 3 个月内，可以向商标局提出异议，提出异议的理由和法律依据包括：

- 在先权利人、利害关系人认为已初审公告商标侵犯驰名商标权（《商标法》第 13 条第 2 款、第 3 款），或构成代理人 / 代表人 / 特定关系人抢注（《商标法》第 15 条），或认为商标含误导性地理标志（《商标法》第 16 条第 1 款），与在先商标构成相同 / 类似商品 / 服务上的相同 / 近似商标（《商标法》第 30 条、第 31 条），或侵犯在先字号权 / 著作权 / 外观设计专利 / 姓名权 / 肖像权等在先权益或抢先注册他人已经使用并有一定影响的商标权（《商标法》第 32 条）。
- 任何人认为已初审公告商标为不以使用为目的的恶意申请（《商标法》第 4 条），或为可能损害国家尊严、社会公共利益等的禁止使用标志(《商标法》第 10 条），或为缺乏显著特征的禁止注册标志(《商标法》第 11 条、第 12 条），或为代理机构超范围申请（《商标法》第 19 条第 4 款）。

程序上，根据《商标法》第35条的规定，国家知识产权局经过审查，对被异议商标作出准予注册决定的，发给商标注册证，并予公告。异议人不服的，可以依照《商标法》第44条、第45条的规定请求宣告该注册商标无效。国家知识产权局作出不予注册决定，被异议人不服的，可以在法定期限内申请不予注册复审。被异议人对国家知识产权局作出的复审决定不服的，可以进一步向人民法院起诉。

55. 如何针对他人注册商标提起无效宣告申请？

解答：商标公告期满无异议的，或者经过商标异议程序被准予注册的商标将予以核准注册，发给商标注册证，并予公告。针对已注册商标，在先权利人可以根据《商标法》第44条、第45条的规定申请注册商标无效宣告。就法律依据而言，申请注册商标无效宣告与上述申请商标异议程序基本一致。虽然《商标法》第44条规定，任何人认为已注册商标以欺骗手段或者其他不正当手段取得注册的，可以申请该商标无效，而《商标法》第33条却没有此规定，但是申请商标注册应当遵守诚实信用原则，因此实务中该等规定所体现的标准亦在商标异议和不予注册复审程序中得到相应参照。

程序上，根据《商标法》第45条的规定，国家知识产权局针对注册商标作出的维持注册商标或者宣告注册商标无效的裁定，当事人对裁定不服的，可以在法定期限内向人民法院起诉。

56. 如何针对他人注册商标提起撤销连续3年不使用申请？

解答：针对注册已满3年的抢注商标，学会可以根据《商标法》第49条的规定，申请注册商标连续3年不使用撤销。由于大部分商标抢注者主观上并没有商标使用意图，而是试图通过出售抢注商标从而获利。因此，如权利人认为其申请注册商标无效宣告的法律依据尚且没有充分的证据予以支持，则可以适时提起针对抢注商标的连续 3 年不使用撤销申请。

程序上，根据《商标法》第 54 条的规定，国家知识产权局对商标作出撤销或者不予撤销注册的决定，当事人不服的，可以在法定期限内申请撤销复审。当事人对撤销复审决定不服的，可以进一步向人民法院起诉。

57. 他人假冒学会名义 / 学会期刊 / 会议 / 奖项 / 网站 / 公众号从事非法行为如何维权？

解答：如果学会已经获得学会 / 学会期刊 / 会议 / 奖项 / 网站 / 公众号名称的商标注册权，可以依据《商标法》关于侵犯注册商标专用权的规定维护学会合法权利。情节严重的可能构成假冒注册商标罪。

如果他人以经营为目的，利用学会 / 学会期刊 / 会议 / 奖项 / 网站 / 公众号的知名度等为自身进行对外宣传，足以误导消费者，使消费者对二者的关系产生模糊判断和误解，认为学会与该他人之间存在合作关系或其他关联关系，进而干扰消费者进行选择，影响竞争秩序的，构成不正当竞争。学会可以依据《反不正当竞争法》主张权利。

58. 针对品牌资产侵权行为的行政处罚措施？

解答：侵犯注册商标专用权，当事人请求工商行政管理部门处理，构成侵权的，工商行政管理部门责令立即停止侵权行为，没收、销毁侵权商品和主要用于制造侵权商品、伪造注册商标标志的工具，违法经营额 5 万元以上的，可以处违法经营额 5 倍以下的罚款，没有违法经营额或者违法经营额不足 5 万元的，可以处 25 万元以下的罚款。对 5 年内实施两次以上商标侵权行为或者有其他严重情节的，应当从重处罚。销售不知道是侵犯注册商标专用权的商品，能证明该商品是自己合法取得并说明提供者的，由工商行政管理部门责令停止销售。

如果当事人对赔偿数额有争议的，可以依法向人民法院提起诉讼。

· 适用法条 ·

《商标法》

第六十条　有本法第五十七条所列侵犯注册商标专用权行为之一，引起纠纷的，由当事人协商解决；不愿协商或者协商不成的，商标注册人或者利害关系人可以向人民法院起诉，也可以请求工商行政管理部门处理。

工商行政管理部门处理时，认定侵权行为成立的，责令立即停止侵权行为，没收、销毁侵权商品和主要用于制造侵权商品、伪造注册商标标识的工具，违法经营额五万元以上的，可以处违法经营额五倍以下的罚款，没有违法经营额或者违法经营额不足五万元的，可以处二十五万元以下的罚款。对五年内实施两次以上商标侵权行为或者有其他严重情节的，应当从重处罚。销售不知道是侵犯注册商标专用权的商品，能证明该商品是自己合法取得并说明提供者的，由工商行政管理部门责令停止销售。

对侵犯商标专用权的赔偿数额的争议，当事人可以请求进行处理的工商行政管理部门调解，也可以依照《中华人民共和国民事诉讼法》向人民法院起诉。经工商行政管理部门调解，当事人未达成协议或者调解书生效后不履行的，当事人可以依照《中华人民共和国民事诉讼法》向人民法院起诉。

59. 针对品牌资产侵权行为的民事救济？

解答：侵犯学会品牌资产，构成不正当竞争，给学会造成损害的，应当依法承担停止侵权、消除影响、赔偿损失等民事责任。因不正当竞争行为受到损害的赔偿数额，按照学会因被侵权所受到的实际损失确定；实际损失难以计算的，按照侵权人因侵权所获得的利益确定。实际损失、侵权人因侵权所获得的利益难以确定的，由人民法院根据侵权行为的情节判决给予权利人 500 万元以下的赔偿。赔偿数额还应当包括学会为制止侵权行为所支付的合理开支。

· 适用法条 ·

《反不正当竞争法》

第六条　经营者不得实施下列混淆行为，引人误认为是他人商品或者与他人存在特定联系：

（一）擅自使用与他人有一定影响的商品名称、包装、装潢等相同或者近似的标识；

（二）擅自使用他人有一定影响的企业名称（包括简称、字号等）、社会组织名称（包括简称等）、姓名（包括笔名、艺名、译名等）；

（三）擅自使用他人有一定影响的域名主体部分、网站名称、网页等；

（四）其他足以引人误认为是他人商品或者与他人存在特定联系的混淆行为。

第十七条　经营者违反本法规定，给他人造成损害的，应当依法承担民事责任。

经营者的合法权益受到不正当竞争行为损害的，可以向人民法院提起诉讼。

因不正当竞争行为受到损害的经营者的赔偿数额，按照其因被侵权所受到的实际损失确定；实际损失难以计算的，按照侵权人因侵权所获得的利益确定。经营者恶意实施侵犯商业秘密行为，情节严重的，可以在按照上述方法确定数额的一倍以上五倍以下确定赔偿数额。赔偿数额还应当包括经营者为制止侵权行为所支付的合理开支。

经营者违反本法第六条、第九条规定，权利人因被侵权所受到的实际损失、侵权人因侵权所获得的利益难以确定的，由人民法院根据侵权行为的情节判决给予权利人五百万元以下的赔偿。

60. 针对品牌资产侵权行为的刑法认定？

解答：违反国家商标管理法规，未经注册商标所有人许可，在同一种或类似商品 / 服务上使用与其注册商标相同 / 近似的商标，情节严重的，处 3 年以下有期徒刑，并处或者单处罚金；情节特别严重的，处 3 年以上 7 年以下有期徒刑，并处罚金。

此外，针对销售明知是假冒注册商标的商品，以及伪造、擅自制造他人注册商标标识或者销售伪造、擅自制造的注册商标标志达到刑罚标准的，均会被判处有期徒刑、罚金等相应刑罚。

· 适用法条 ·

《刑法》

第二百一十三条　未经注册商标所有人许可，在同一种商品、服务上使用与其注册商标相同的商标，情节严重的，处三年以下有期徒刑，并处或者单处罚金；情节特别严重的，处三年以上十年以下有期徒刑，并处罚金。

第二百一十四条　销售明知是假冒注册商标的商品，违法所得数额较大或者有其他严重情节的，处三年以下有期徒刑，并处或者单处罚金；违法所得数额巨大或者有其他特别严重情节的，处三年以上十年以下有期徒刑，并处罚金。

第二百一十五条　伪造、擅自制造他人注册商标标识或者销售伪造、擅自制造的注册商标标识，情节严重的，处三年以下有期徒刑，并处或者单处罚金；情节特别严重的，处三年以上十年以下有期徒刑，并处罚金。

第三部分

附录：常用商标文书参考模板

一、商标申请及维护业务相关书式（示范文本）*

1. 商标注册申请书

商标注册申请书

申请人名称（中文）：

（英文）：

统一社会信用代码：

申请人国籍/地区：

申请人地址（中文）：

（英文）：

邮政编码：

国内申请人联系地址：

邮政编码：

国内申请人电子邮箱：

联系人：　　　　　　　　电话：

代理机构名称：

外国申请人的国内接收人：

---

* 本书附录中的示范文本来自国家知识产权局商标局 中国商标网，https：//sbj. cnipa. gov. cn/sbj/sbsq/sqss/，最后访问日期：2023 年 5 月 25 日。本书仅对部分内容进行摘录，供读者参考，相关模板请登录中国商标网下载。

国内接收人地址：
邮政编码：
商标申请声明：☐集体商标　　☐证明商标
☐三维标志　　☐颜色组合
☐声音标志
☐两个以上申请人共同申请注册同一商标
要求优先权声明：☐基于第一次申请的优先权
☐基于展会的优先权
☐优先权证明文件后补
申请/展出国家/地区：
申请/展出日期：
申请号：

【承诺】 申请人和代理人、代理机构知晓恶意商标注册申请、提交虚假材料或隐瞒重要事实申请行政确认等行为属于失信行为；承诺遵循诚实信用原则，以使用为目的办理商标申请事宜，所申报的事项和所提供的材料真实、准确、完整；知晓承诺不实或未履行承诺，将承担信用管理失信惩戒等不利后果。

申请人章戳（签字）：　　　　代理机构章戳：
代理人签字：

注：请按说明填写

下框为商标图样粘贴处。图样应当不大于10×10cm，不小于5×5cm。以颜色组合或者着色图样申请商标注册的，应当提交着色图样并提交黑白稿1份；不指定颜色的，应当提交黑白图样。以三维标志申请商标注册的，应当提交能够确定三维形状的图样，提交的商标图样应当至少包含三面视图。以声音标志申请商标注册的，应当以五线谱或者简谱对申请用作商标的声音加以描述并附加文字说明；无法以五线谱或者简谱描述的，应当使用文字进行描述；商标描述与声音样本应当一致。

商标说明：

类别：

商品/服务项目：

类别：

商品/服务项目：

商标注册申请书（附页）

其他共同申请人名称列表：

填 写 说 明

1. 办理商标注册申请，适用本书式。申请书应当打字或者印刷。申请人应当按照规定并使用国家公布的中文简化汉字填写，不得修改格式。

2. “申请人名称”栏：申请人应当填写身份证明文件上的名称。申请人是自然人的，应当在姓名后注明证明文件号码。外国申请人应当同时在英文栏内填写英文名称。共同申请的，应将指定的代表人填写在“申请人名称”栏，其他共同申请人名称应当填写在“商标注册申请书附页——其他共同申请人名称列表”栏。没有指定代表人的，以申请书中顺序排列的第一人为代表人。

3. “统一社会信用代码”栏：此栏供国内申请人填写其证明文件上标注的统一社会信用代码。

4. “申请人国籍/地区”栏：申请人应当如实填写，国内申请人不填写此栏。

5. “申请人地址”“邮政编码”栏：申请人应当按照身份证明文件中的地址填写；身份证明文件中的地址未冠有省、市、县等行政区划的，申请人应当增加相应行政区划名称。外国申请人应当同时详细填写英文地址。符合自行办理商标申请事宜条件的外国申请人详细填写其在中国的地址。

6. “国内申请人联系地址”“邮政编码”栏：国内申请人填写此栏，用于接收该商标后继商标业务的法律文件；同时，也用于自行办理的国内申请人接收本申请的各种文件。国内申请人未填写联系地址的，文件送达至申请人地址栏填写的地址。国家知识产权局文件无法送达的，通过公告方式送达。

7. “国内申请人电子邮箱”“联系人”“电话”栏：国内申请人填写此栏。符合自行办理商标申请事宜条件的外国申请人填写其在中国的联系方式。

8. “代理机构名称”栏：申请人委托已备案的商标代理机构代为办理商标申请事宜的，此栏填写商标代理机构名称。申请人自行办理商标申请事宜的，不填写此栏。

9. “外国申请人的国内接收人”“国内接收人地址”“邮政编码”栏：外

国申请人应当在申请书中指定国内接收人负责接收国家知识产权局后继商标业务的法律文件。国内接收人地址应当冠以省、市、县等行政区划详细填写。

10. “商标申请声明”栏：申请注册集体商标、证明商标的，以三维标志、颜色组合、声音标志申请商标注册的，两个以上申请人共同申请注册同一商标的，应当在本栏声明。申请人应当按照申请内容进行选择，并附送相关文件。

11. “要求优先权声明”栏：申请人依据《商标法》第二十五条要求优先权的，选择“基于第一次申请的优先权”，并填写“申请/展出国家/地区”“申请/展出日期”“申请号”栏。申请人依据《商标法》第二十六条要求优先权的，选择“基于展会的优先权”，并填写“申请/展出国家/地区”“申请/展出日期”栏。申请人应当同时提交优先权证明文件（包括原件和中文译文）；优先权证明文件不能同时提交的，应当选择“优先权证明文件后补”，并自申请日起三个月内提交。未提出书面声明或者逾期未提交优先权证明文件的，视为未要求优先权。

12. “申请人章戳（签字）”栏：申请人为法人或其他组织的，应加盖公章。申请人为自然人的，应当由本人签字。所盖章戳或者签字应当完整、清晰。

13. “代理机构章戳”“代理人签字”栏：代为办理申请事宜的商标代理机构应在此栏加盖公章，并由代理人签字。

14. “商标图样”栏：商标图样应当粘贴在图样框内。

15. “商标说明”栏：申请人应当根据实际情况填写。以三维标志、声音标志申请商标注册的，应当说明商标使用方式。以颜色组合申请商标注册的，应当提交文字说明，注明色标，并说明商标使用方式。商标为外文或者包含外文的，应当说明含义。自然人将自己的肖像作为商标图样进行注册申请应当予以说明。申请人将他人肖像作为商标图样进行注册申请应当予以说明，附送肖像人的授权书。

16. “类别”“商品/服务项目”栏：申请人应按《类似商品和服务项目区分表》填写类别、商品/服务项目名称。商品/服务项目应按类别对应填写，每个类别的项目前应分别标明顺序号。类别和商品/服务项目填写不下的，可按本申请书的格式填写在附页上。全部类别和项目填写完毕后应当注明“截止”字样。

17. “商标注册申请书附页——其他共同申请人名称列表”栏：此栏填写其他共同申请人名称，外国申请人应当同时填写中文名称和英文名称。并在空白处按顺序加盖申请人章戳或由申请人本人签字。

18. 收费标准：一个类别受理商标注册费 300 元人民币（限定本类 10 个商品/服务项目，本类中每超过 1 个另加收 30 元人民币）。受理集体商标注册费 1500 元人民币。受理证明商标注册费 1500 元人民币。

19. “承诺”栏：申请人及其委托的商标代理机构、代理人在提交申请前，应仔细阅读申请人承诺内容，并遵守承诺。一旦提交申请，即视为申请人和代理人、代理机构接受承诺内容。

20. 申请事宜并请详细阅读中国商标网（http：//sbj. cnipa. gov. cn/）相关栏目。

2. 转让移转申请注册商标申请书

转让/移转申请/注册商标申请书

转让人名称（中文）：
（英文）：
统一社会信用代码：
转让人地址（中文）：
（英文）：
受让人名称（中文）：
（英文）：
统一社会信用代码：
受让人地址（中文）：
（英文）：
邮政编码：
国内受让人联系地址：
邮政编码：
国内受让人电子邮箱：
联系人：
电话：
外国受让人的国内接收人：
国内接收人地址：
邮政编码：
代理机构名称：
是否共有商标： □是 □否

商标申请号/注册号：（同一转让人和受让人可填写多个申请号/注册号，填写不下的另填附页）

① ② ③ ④ ⑤

【承诺】 申请人和代理人、代理机构知晓提交虚假材料或隐瞒重要事实等行为属于失信行为；承诺遵循诚实信用原则、以使用为目的办理商标转让事宜，承诺转让商标为有效状态、转让行为系申请人真实意思表示并将依法履行合同义务，所申报的事项和所提供的材料真实、准确、完整；知晓承诺不实或未履行承诺，将承担信用管理失信惩戒等不利后果。

转让人章戳（签字）：　　受让人章戳（签字）：　　代理机构章戳：

代理人签字：

转让/移转申请/注册商标申请书

（附页——商标申请号/注册号）

商标申请号/注册号：（同一转让人和受让人可填写多个申请号/注册号，请接续首页继续标注序号）

⑥　　⑦　　⑧　　⑨　　⑩

转让人章戳（签字）：　　受让人章戳（签字）：

转让/移转申请/注册商标申请书
（附页——其他共有人）

转让方的其他共有人

1. 名称（中文）：

（英文）：

（章戳/签字）

2. 名称（中文）：

（英文）：

（章戳/签字）

受让方的其他共有人

1. 名称（中文）：

（英文）：

（章戳/签字）

2. 名称（中文）：

（英文）：

（章戳/签字）

填写说明

1. 办理转让/移转商标注册申请或转让/移转注册商标的，适用本书式。商标转让由转让人和受让人共同提出申请。申请书应当打字或印刷。转让人/受让人应当按规定并使用国家公布的中文简化汉字填写，不得修改格式。以下填写说明适用于移转。

2. “转让人名称”栏：转让人应当填写身份证明文件上的名称。申请人是自然人的，应当在姓名后注明证明文件号码。外国申请人应当同时在英文栏内填写英文名称，国内申请人无需填写英文名称。共有商标应将转让方的代表人名称填写在“转让人名称”栏，其他共有人名称应当填写在附页。

3. “统一社会信用代码”栏：此栏供国内申请人填写其证明文件上标注的统一社会信用代码。

4. “转让人地址”栏：应当按照身份证明文件中的地址填写。身份证明文件中的地址未冠有省、市、县等行政区划的，应当增加相应行政区划名称。外国申请人应当同时详细填写英文地址。符合自行办理商标申请事宜条件的外国申请人详细填写其在中国的地址。

5. “受让人名称”“统一社会信用代码”“受让人地址”“邮政编码”栏：参照前述转让人栏目要求填写。

6. “国内受让人联系地址”“邮政编码”栏：国内申请人填写此栏，用于接收该商标后继商标业务的法律文件；同时，也用于自行办理的国内申请人接收本申请的各种文件。申请人未填写联系地址的，文件送达至申请人地址栏填写的地址。国家知识产权局文件无法送达的，通过公告方式送达。

7. “国内受让人电子邮箱”“联系人”“电话”栏：国内申请人填写此栏，符合自行办理商标申请事宜条件的外国申请人填写其在中国的联系方式。

8. “外国受让人的国内接收人”“国内接收人地址”“邮政编码”栏：外国受让人应当在申请书中指定其国内个人或单位负责接收有关该商标的后继业务的法律文件，国内接收人地址应冠以省、市、县等行政区划名称详细填写。受让人为国内申请人的，上述栏目不应填写。

9.“代理机构名称”栏：申请人委托已备案的商标代理机构代为办理商标转让申请事宜的，此栏填写商标代理机构名称。申请人自行办理商标转让事宜的，不填写此栏。

10.“是否共有商标”栏：转让前为共有商标或转让后为共有商标的，均应当在“是否共有商标”选择“是”；转让前、转让后均为非共有商标的，选择“否”。共有商标申请转让，申请书首页转让人/受让人名称/地址/联系地址填写代表人的名称/地址/联系地址，代表人以外的其他共有人依次填写在申请书附页上（可再加附页）。非共有商标的，不需提交附页。

11.“商标申请号/注册号”栏：同一转让人和受让人的，一份申请书可以填写同一转让人名下的一个或多个商标申请号/注册号。共有商标的全部共有成员相同的，方可视为同一转让人或受让人。

12.“转让人章戳（签字）”“受让人章戳（签字）”栏：转让人/受让人为法人或其他组织的，应当盖章。转让人/受让人为自然人的，应当在此处签字。共有商标的，由代表人在此盖章（签字）。所盖章戳或签字应当完整清晰。

13.“代理机构章戳”“代理人签字”栏：委托商标代理机构申报的，应当加盖代理机构章戳，并由代理人签字。未委托商标代理机构的，不需填写。

14.“附页——商标注册号/申请号”：申请转让的商标较多，申请书首页填写不下的，填写在此页，序号请接续首页继续标注。转让人、受让人双方（共有商标的为代表人）还需在此附页加盖章戳或签字。

15.“附页——其他共有人”：申请书首页在“是否共有商标”栏选择“是”的，应填写此页；申请书首页在“是否共有商标”栏选择“否”的，不提交此页，无需填写。填写时，国内申请人只需填写中文名称，外国申请人应当同时填写中文和英文。所有的其他共有人均应在对应名称栏右侧空白处按顺序加盖章戳（自然人由申请人本人签字）。

16. 集体商标转让的，受让人需提交商标使用管理规则和集体成员名单；证明商标转让的，受让人需提交商标使用管理规则。

17.“承诺”栏：申请人及其委托的商标代理机构、代理人在提交申请前，应仔细阅读申请人承诺内容，并遵守承诺。一旦提交申请，即视为申请人和代理人、代理机构接受承诺内容。

18. 收费标准及其他申请事宜请详细阅读中国商标网（http：//sbj. cnipa. gov. cn/）相关栏目。

3. 商标续展注册申请书

商标续展注册申请书

申请人名称（中文）：
（英文）：
统一社会信用代码：
申请人地址（中文）：
（英文）：
邮政编码：
国内申请人联系地址：
邮政编码：
国内申请人电子邮箱：
联系人：
电话：
代理机构名称：
商标注册号：
是否共有商标：　□是　□否
类别：

【承诺】 申请人和代理人、代理机构知晓提交虚假材料或隐瞒重要事实等行为属于失信行为；承诺遵循诚实信用原则、以使用为目的办理商标续展事宜，承诺续展商标为有效注册商标，所申报的事项和所提供的材料真实、准确、完整；知晓承诺不实或未履行承诺，将承担信用管理失信惩戒等不利后果。

申请人章戳（签字）：　　代理机构章戳：
代理人签字：

注：请按说明填写

商标续展注册申请书
（附页——其他共有人）

其他共有人

1. 名称（中文）：

（英文）：

（章戳/签字）

2. 名称（中文）：

（英文）：

（章戳/签字）

填写说明

1. 办理商标续展注册，适用本书式。申请书应当打字或印刷。申请人应当按照规定并使用国家公布的中文简化汉字填写，不得修改格式。

2. “申请人名称”栏：申请人应当填写身份证明文件上的名称。申请人是自然人的，应当在姓名后注明证明文件号码。外国申请人应当同时在英文栏内填写英文名称，国内申请人无需填写英文名称。共有商标应将指定的代表人填写在“申请人名称”栏，其他共有人名称应当填写在附页。

3. “统一社会信用代码”栏：此栏供国内申请人填写其证明文件上标注的统一社会信用代码。

4. “申请人地址”“邮政编码”栏：申请人应当按照身份证明文件中的地址填写。身份证明文件中的地址未冠有省、市、县等行政区划的，申请人应当增加相应行政区划名称。外国申请人应当同时详细填写英文地址。符合自行办理商标申请事宜条件的外国申请人详细填写其在中国的地址。

5. “国内申请人联系地址”“邮政编码”栏：自行办理的国内申请人在此栏填写联系地址，国家知识产权局关于本申请的各种文件将送达至该地址；申请人未填写联系地址的，文件送达至申请人地址栏填写的地址。国家知识产权局文件无法送达的，通过公告方式送达。

6. “国内申请人电子邮箱”“联系人”“电话”栏：国内申请人填写此栏。符合自行办理商标申请事宜条件的外国申请人填写其在中国的联系方式。

7. “代理机构名称”栏：申请人委托已备案的商标代理机构代为办理商标事宜的，此栏填写商标代理机构名称。申请人自行办理商标申请事宜的，不填写此栏。

8. “是否共有商标”栏：属于共有商标的，应当选择“是”；非共有商标选择“否”。共有商标申请续展，由代表人提出申请，申请书首页的申请人名称/地址/联系地址填写代表人的名称/地址/联系地址。其他共有人依次填写在申请书附页上（可再加附页）。

9. “商标注册号”栏：一份申请书填写一个商标注册号。

10. “类别”栏：类别应按照《商标注册证》上标注的国际分类类别填写，一件注册商标有多个类别的，申请续展的类别应按照从小到大的升序填写，类别之间用逗号分隔。

11. “申请人章戳”栏：申请人为法人或其他组织的，应加盖公章。申请人为自然人的，应当由本人签字。共有商标的，由代表人在此盖章（签字）。所盖章戳或者签字应当完整、清晰。

12. “代理机构章戳”“代理人签字”栏：接受申请人委托办理有关商标事宜的商标代理机构应在此栏加盖公章，并由代理人签字。申请人自行办理的，不填写此栏。

13. “附页——其他共有人”：申请续展的商标为共有商标的，申请书首页在“是否共有商标”栏选择“是”的，应填写此页；申请续展的商标不是共有商标的，申请书首页在“是否共有商标”栏选择“否”的，不提交此页，无需填写；国内申请人只需填写中文名称，外国申请人应当同时填写中文和英文。所有的其他共有人均应在对应名称栏右侧空白处按顺序加盖章戳（自然人由申请人本人签字）。

14. “承诺”栏：申请人及其委托的商标代理机构、代理人在提交申请前，应仔细阅读申请人承诺内容，并遵守承诺。一旦提交申请，即视为申请人和代理人、代理机构接受承诺内容。

15. 收费标准及其他申请事宜请详细阅读中国商标网（http：//sbj. cnipa. gov. cn/）相关栏目。

4. 撤销连续三年不使用注册商标申请书

撤销连续三年不使用注册商标申请书

申请人名称：
统一社会信用代码：
申请人地址：
邮政编码：
国内申请人联系地址：
邮政编码：
国内申请人电子邮箱：
联系人：
电话：
代理机构名称：
商标注册人：
商标注册号：
商标：
类别：
撤销商品/服务项目：

撤销理由：

【承诺】 申请人和代理人、代理机构知晓提交虚假材料或隐瞒重要事实等行为属于失信行为；承诺遵循诚实信用原则、经初步调查未发现申请撤销商标在市场使用，所申报的事项和所提供的材料真实、准确、完整；知晓承诺不实或未履行承诺，将承担信用管理失信惩戒等不利后果。

申请人章戳（签字）：　　　　代理机构章戳：
代理人签字：

注：请按说明填写

填 写 说 明

1. 办理撤销连续三年不使用注册商标申请，适用本书式。申请书应当打字或印刷。申请人应当按照规定并使用国家公布的中文简化汉字填写，不得修改格式。

2. “申请人名称”栏：申请人应当填写身份证明文件上的名称。申请人是自然人的，应当在姓名后注明证明文件号码。

3. “统一社会信用代码”栏：此栏供国内申请人填写其证明文件上标注的统一社会信用代码。

4. “申请人地址”“邮政编码”栏：申请人应当按照身份证明文件中的地址填写；身份证明文件中的地址未冠有省、市、县等行政区划的，申请人应当增加相应行政区划名称。符合自行办理商标申请事宜条件的外国申请人详细填写其在中国的地址。

5. “国内申请人联系地址”“邮政编码”栏：自行办理的国内申请人在此栏填写联系地址，国家知识产权局关于本申请的各种文件将送达至该地址。申请人未填写联系地址的，文件送达至申请人地址栏填写的地址。国家知识产权局文件无法送达的，通过公告方式送达。

6. “国内申请人电子邮箱”“联系人”“电话”栏：国内申请人填写此栏。符合自行办理商标申请事宜条件的外国申请人填写其在中国的联系方式。

7. “代理机构名称”栏：申请人委托已备案的商标代理机构代为办理商标申请事宜的，此栏填写商标代理机构名称。申请人自行办理商标申请事宜的，不填写此栏。

8. 申请撤销共有商标的，“商标注册人”处应当填写该共有商标的代表人名称。

9. 一份撤销申请应填写一个类别。

10. “撤销商品/服务项目”栏：申请撤销部分商品/服务项目，应在“撤销商品/服务项目”处填写申请撤销的部分商品/服务项目名称，且应与核定使用的同一种商品/服务项目名称相同（可再加附页）；申请撤销全部商品/服务项目的，此处应填写“全部”字样。

11.“撤销理由”栏：申请人应在撤销理由中说明被申请商标连续三年不使用的有关情况（可再加附页）。

12.“申请人章戳（签字）”栏：申请人为法人或其他组织的，应加盖公章。申请人为自然人的，应当由本人签字。共有商标的，由代表人在此盖章（签字）。所盖章戳或者签字应当完整、清晰。

13.“代理机构章戳”“代理人签字”栏：接受申请人委托代为办理有关商标事宜的商标代理机构应在此栏加盖公章，并由代理人签字。申请人自行办理的，不填写此栏。

14.“承诺”栏：申请人及其委托的商标代理机构、代理人在提交申请前，应仔细阅读申请人承诺内容，并遵守承诺。一旦提交申请，即视为申请人和代理人、代理机构接受承诺内容。

15. 收费标准及其他申请事宜请详细阅读中国商标网（http：//sbj. cnipa. gov. cn/）相关栏目。

5. 商标使用许可备案表

商标使用许可备案表

许可人名称（中文）：
（英文）：
统一社会信用代码：
许可人地址（中文）：
（英文）：
邮政编码：
国内许可人联系地址：
邮政编码：
国内许可人电子邮箱：
联系人：
电话：
被许可人名称（中文）：
（英文）：
被许可人地址（中文）：
（英文）：
代理机构名称：
商标注册号：
是否共有商标：　□是　□否
许可期限：自　年　月　日至　年　月　日止
许可类型：□普通许可　□排他许可　□独占许可
许可使用的商品/服务项目（分类填写）：

【承诺】 申请人和代理人、代理机构知晓提交虚假材料或隐瞒重要事实等行为属于失信行为；承诺遵循诚实信用原则、以使用为目的办理商标使用许可备案事宜，承诺许可商标为有效注册商标，所申报的事项和所提供的材料真实、准确、完整；知晓承诺不实或未履行承诺，将承担信用管理失信惩戒等不利后果。

许可人章戳（签字）：　　被许可人章戳（签字）：　　代理机构章戳：

代理人签字：

注：请按说明填写

商标使用许可备案表
（附页——其他共有人）

其他共有人

1. 名称（中文）：

（英文）：

（章戳/签字）

2. 名称（中文）：

（英文）：

（章戳/签字）

填 写 说 明

1. 许可人报送注册商标使用许可备案，适用本书式。备案表应当打字或印刷。许可人应当按照规定并使用国家公布的中文简化汉字填写，不得修改格式。

2. “许可人名称”栏：许可人应当填写身份证明文件上的名称。许可人是自然人的，应当在姓名后注明证明文件号码。外国许可人应当同时在英文栏内填写英文名称，国内许可人无需填写英文名称。共有商标应将指定的代表人填写在“许可人名称”栏，其他共有人名称应当填写在附页。

3. “统一社会信用代码”栏：此栏供国内许可人填写其证明文件上标注的统一社会信用代码。

4. “许可人地址”“邮政编码”栏：许可人应当按照身份证明文件中的地址填写。身份证明文件中的地址未冠有省、市、县等行政区划的，许可人应当增加相应行政区划名称。外国许可人应当同时详细填写英文地址。符合自行办理商标申请事宜条件的外国许可人详细填写其在中国的地址。

5. “国内许可人联系地址”“邮政编码”栏：自行办理的国内许可人在此栏填写联系地址，国家知识产权局关于本申请的各种文件将送达至该地址；许可人未填写联系地址的，文件送达至许可人地址栏填写的地址。国家知识产权局文件无法送达的，通过公告方式送达。

6. “国内许可人电子邮箱”“联系人”“电话”栏：国内许可人填写此栏。符合自行办理商标申请事宜条件的外国许可人填写其在中国的联系方式。

7. “被许可人名称”“被许可人地址”：应当填写身份证明文件上的名称、地址。许可人是自然人的，应当在姓名后注明证明文件号码。外国被许可人应当同时在英文栏内填写英文名称、地址，国内被许可人无需填写英文。

8. “代理机构名称”栏：许可人委托已备案的商标代理机构代为办理商标事宜的，此栏填写商标代理机构名称。许可人自行办理的，不填写此栏。

9. “是否共有商标”栏：属于共有商标的，应当选择“是”；非共有商标选择“否”。共有商标备案表首页的许可人名称/地址/联系地址填写代表人的名称/地址/联系地址。其他共有人依次填写在附页上。

10. “商标注册号”栏：一份备案表填写一个商标注册号。

11. “许可期限”栏：许可期限不得超过注册商标的有效期限。

12. “许可类型”栏：“普通许可”指许可人在约定许可使用商标的范围内许可他人使用该商标，并且可以自行使用该商标；“排他许可”指许可人在约定许可使用商标的范围内，将该商标仅许可一个被许可人使用，但许可人依约定可以自行使用该商标；“独占许可”指许可人在约定许可使用商标的范围内，将该商标仅许可一个被许可人使用，许可人依约定不得使用该商标。若无勾选类型则视为普通许可。

13. “许可使用的商品/服务项目”栏：按类别号分段落填写，许可该注册号下全部类别全部商品/服务项目的，填写“全部商品/服务项目”字样，不需填写具体类别和商品名称。许可该注册号下某一个类别中全部商品的，商品/服务项目处填写“X类全部商品/服务项目”；许可部分商品的，应按类别号分段落（一个类别一个段落）填写，类别应按照从小到大按升序排列。许可使用的商品/服务项目名称，应与注册证上核定使用的该商品/服务项目名称相同（填写不下可再加附页）。

14. “许可人章戳（签字）”“被许可人章戳（签字）”栏：许可人/被许可人为法人或其他组织的，应当在此处盖章；许可人/被许可人为自然人的，应当在此处签字。许可商标为共有商标的，由代表人在此盖章（签字）。所盖章戳或签字应当完整清晰。

15. “代理机构章戳”“代理人签字”栏：接受许可人委托代为办理有关商标事宜的商标代理机构应在此栏加盖公章，并由代理人签字。许可人自行办理的，不填写此栏。

16. “附页——其他共有人”：备案表首页在“是否共有商标”栏选择“是”的，应填写此页；不是共有商标的，备案表首页在“是否共有商标”栏选择“否”的，不提交此页，无需填写；国内许可人只需填写中文名称，外国许可人应当同时填写中文和英文。所有的其他共有人均应在对应名称栏右侧空白处按顺序加盖章戳（自然人由本人签字）。

17. “承诺”栏：申请人及其委托的商标代理机构、代理人在提交申请前，应仔细阅读申请人承诺内容，并遵守承诺。一旦提交申请，即视为申请人和代理人、代理机构接受承诺内容。

18. 收费标准及其他备案事宜请详细阅读中国商标网（http://sbj.cnipa.gov.cn/）相关栏目。

6. 商标代理委托书

商标代理委托书

（示范文本）

委托人______________________________是__________自然人/法人/其他组织，现委托______________________________代理____________________商标的如下“√”事宜。

□商标注册申请
□商标异议申请
□商标异议答辩
□更正商标申请/注册事项申请
□变更商标申请人/注册人名义/地址 变更集体商标/证明商标管理规则/集体成员名单申请
□变更商标代理人/文件接收人申请
□删减商品/服务项目申请
□商标续展注册申请
□转让/移转申请/注册商标申请
□商标使用许可备案
□变更许可人/被许可人名称备案
□商标使用许可提前终止备案
□商标专用权质权登记申请
□商标专用权质权登记事项变更申请
□商标专用权质权登记期限延期申请
□商标专用权质权登记证补发申请
□商标专用权质权登记注销申请
□商标注销申请
□撤销连续三年不使用注册商标申请
□撤销成为商品/服务通用名称注册商标申请
□撤销连续三年不使用注册商标提供证据
□撤销成为商品/服务通用名称注册商标答辩
□补发变更/转让/续展证明申请
□补发商标注册证申请
□出具商标注册证明申请
□出具优先权证明文件申请
□撤回商标注册申请
□撤回商标异议申请
□撤回变更商标申请人/注册人名义/地址 变更集体商标/证明商标管理规则/集体成员名单申请
□撤回变更商标代理人/文件接收人申请

□撤回删减商品/服务项目申请
□撤回商标续展注册申请
□撤回转让/移转申请/注册商标申请
□撤回商标使用许可备案
□撤回商标注销申请
□撤回撤销连续三年不使用注册商标申请
□撤回撤销成为商品/服务通用名称注册商标申请
□其他____________________

委托人地址____________________
联　系　人____________________
电　　　话____________________
邮 政 编 码____________________

委托人章戳（签字）

年　月　日

二、商标评审及行政复议相关书式（示范文本）

1. 驳回商标注册申请复审申请书

驳回商标注册申请复审申请书

（首页）

申请商标：
类别：
申请号/国际注册号：
国家知识产权局发文号：
申请人名称：
统一社会信用代码：
联系地址：
邮政编码：
联系人：
联系电话（含区号）：
电子邮箱：

商标代理机构名称：
联系人：
联系电话（含区号）：

是否需要提交补充证据材料:是□；否□

【承诺】 申请人和代理人、代理机构知晓在办理商标评审事宜时，提交虚假材料或隐瞒重要事实等行为属于失信行为；承诺遵循诚实信用原则，所申报的事项和所提供的材料真实、准确、完整；知晓承诺不实或未履行承诺，将承担信用管理失信惩戒等不利后果。

申请人章戳（签字）	商标代理机构章戳
	代理人签字：
年　月　日	年　月　日

注：填写此申请书（首页）时请认真阅读背面的填写须知，并应按照须知要求提供相应文件材料。

填 写 须 知

1. 此申请书（首页）适用于依照《商标法》第三十四条规定提出的驳回商标注册申请复审申请。

2. 具体评审请求、事实、理由和法律依据应按《商标评审规则》和所附《驳回商标注册申请复审申请书》（正文样式）要求另附材料，连同本申请书（首页）一并提交。对部分商品或服务申请复审的，须在所附材料中具体列明。

3. 申请商标为国际注册的，应在注册号前加“G”。

4. 申请商标类别栏可同时填写多个商标类别。

5. 申请人为外国人或外国企业的，无需填写统一社会信用代码，但须填写准确的名称和有效的联系地址、电子邮箱，外文地址须注明其中文国别，申请人为自然人的，应在其名称后填写其身份证件号码。

6. 共有商标的当事人提出驳回商标注册申请复审申请的，应当在申请书指定一个代表人；没有指定代表人的，以申请书中顺序排列的第一人为代表人。在此申请书（首页）申请人及其联系人栏目中只填写代表人的名称、统一社会信用代码、联系地址及其联系人和联系电话、电子邮箱，其他当事人应在所附材料中写明。代表人发生变更时须有被代表的当事人书面授权。

7. 在中国有经常居所或者营业所的外国人或者外国企业授权其在中国的代表人办理驳回商标注册申请复审事宜的，其代表人视为申请人的联系人，并在申请人的联系人、联系地址、联系电话、电子邮箱栏目中填写相应的内容。

8. 申请人在提出评审申请后，是否需要提交补充证据材料，请在相应的方框内划“√”，并自首次提交申请书之日起 3 个月内提交。

9. 未委托商标代理机构的，不需填写商标代理栏目。

10. 收费标准：实行按类收费，每个商标类别收取评审费用 750 元。详见“商标业务缴费指南”（sbj. cnipa. gov. cn）。

11. 邮寄办理的，应在收到缴费通知书后，根据缴费通知书上的提示及商标业务缴费指南，按要求进行缴费。

12. 申请人按此文书样式提交纸质的驳回商标注册申请复审申请书，应打字或者印刷。

13. 申请人是自然人的，应当在首页签字；申请人是法人或者其他组织的，应当在首页加盖公章。申请人委托商标代理机构的，商标代理机构应当在首页加盖公章，并由代理人签字。

14. 申请人及其委托的商标代理机构、代理人在提交申请前，应仔细阅读申请人承诺内容，并遵守承诺。一旦提交申请，即视为申请人和代理人、代理机构接受承诺内容。

驳回商标注册申请复审申请书

（正文样式）

申请人名称：
联系地址：
法定代表人或负责人姓名：
职务：

商标代理机构名称：
地址：

评审请求与法律依据：

事实与理由：

附件：

申请人章戳（签字）　　　　　　商标代理机构章戳
代理人签字：
年　月　日　　　　　　　　　　年　月　日

说明：

1、此书式是供申请人依照《商标法》第三十四条规定向国家知识产权局提出驳回商标注册申请复审申请时使用的申请书样式。申请人只需按此申请文书样式要求书写申请书，不受此文书样式篇幅限制。

2、申请人按此文书样式提交纸质的驳回商标注册申请复审申请书，应打字或者印刷。

3、申请人所提出的“评审请求与法律依据”，应写明具体请求和所依据的《商标法》及其《实施条例》的具体条款。申请人对部分商品或服务提出复审申请的，须在“评审请求”中写明。

4、申请人在阐述“事实与理由”时，应写明有关事实所依据的证据，并应另外提供证据目录清单，写明证据的名称、来源和待证明的具体事实。

5、申请人为法人或其他组织的，需写明法定代表人或负责人姓名、职务。

6、申请人是自然人的，应当在申请书签字；申请人是法人或者其他组织的，应当在申请书加盖公章。申请人委托商标代理机构的，商标代理机构应当在申请书加盖公章。

2. 商标不予注册复审申请书

商标不予注册复审申请书

（首页）

被异议商标：
类别：
申请号/国际注册号：
国家知识产权局发文号：
申请人名称：
统一社会信用代码：
联系地址：
□同意此地址延及于本案后续程序
邮政编码：
联系人：
联系电话（含区号）：
电子邮箱：

商标代理机构名称：
联系人：
联系电话（含区号）：

原异议人名称：
地址：

是否需要提交补充证据材料：是□；否 □

【承诺】 申请人和代理人、代理机构知晓在办理商标评审事宜时，提交虚假材料或隐瞒重要事实等行为属于失信行为；承诺遵循诚实信用原则，所申报的事项和所提供的材料真实、准确、完整；知晓承诺不实或未履行承诺，将承担信用管理失信惩戒等不利后果。

申请人章戳（签字）　　　　　　　　　　商标代理机构章戳

　　　　　　　　　　　　　　　　　　　代理人签字：

年　月　日　　　　　　　　　　　　　　年　月　日

注：填写此申请书（首页）时请认真阅读背面的填写须知，并应按照须知要求提供相应文件材料。

填 写 须 知

1. 此申请书（首页）适用于依照《商标法》第三十五条第三款规定提出的商标不予注册复审申请。

2. 具体评审请求、事实、理由和法律依据应按《商标评审规则》和所附《商标不予注册复审申请书》（正文样式）要求另附材料，连同此申请书（首页）一并提交。对部分商品或服务申请复审的，须在所附材料中具体列明。此申请书（首页）及有关附件需按照对方当事人的数量提交相应份数的副本。

3. 被异议商标为国际注册的，应在注册号前加“G”。

4. 被异议商标类别栏可同时填写多个商标类别。

5. 联系地址是指当事人在中国境内的常用联络地址，如果提供的地址不确切，或不及时告知变更后的地址，使文件无法送达或未及时送达的，当事人将自行承担由此可能产生的法律后果；“本案后续程序”是指商标授权确权司法程序。

6. 申请人为外国人或外国企业的，无需填写统一社会信用代码，但须填写准确的名称和有效的联系地址、电子邮箱，外文地址须注明其中文国别。申请人为自然人的，应在其名称后填写其身份证件号码。

7. 共有商标的当事人提出商标不予注册复审申请的，应当在申请书指定一个代表人；没有指定代表人的，以申请书中顺序排列的第一人为代表人。在此申请书（首页）申请人及其联系人栏目中只填写代表人的名称、联系地址及其联系人和联系电话，其他当事人应在所附材料中写明。代表人发生变更时须有被代表的当事人书面授权。

8. 就同一注册号提出商标不予注册复审申请，涉及多个原异议人的，应提交一件不予注册复审申请，并在申请书（首页）分别列明各原异议人的名称和联系地址。

9. 在中国有经常居所或者营业所的外国人或者外国企业授权其在中国的代表人办理商标不予注册复审事宜的，其代表人视为申请人的联系人，并在申请人的联系人、联系地址、联系电话、电子邮箱栏目中填写相应的内容。

10. 申请人在提出评审申请后，是否需要提交补充证据材料，请在相应的方框内划“√”，并自首次提交申请书之日起3个月内提交。

11. 未委托商标代理机构的，不需填写商标代理栏目。

12. 收费标准：实行按类收费，每个商标类别收取评审费用750元。详见“商标业务缴费指南”（sbj. cnipa. gov. cn）。

13. 邮寄办理的，应在收到缴费通知书后，根据缴费通知书上的提示及商标业务缴费指南，按要求进行缴费。

14. 申请人按此文书样式提交纸质的商标不予注册复审申请书，应打字或者印刷。

15. 申请人是自然人的，应当在首页签字；申请人是法人或者其他组织的，应当在首页加盖公章。申请人委托商标代理机构的，商标代理机构应当在首页加盖公章，并由代理人签字。

16. 申请人及其委托的商标代理机构、代理人在提交申请前，应仔细阅读申请人承诺内容，并遵守承诺。一旦提交申请，即视为申请人和代理人、代理机构接受承诺内容。

商标不予注册复审申请书

（正文样式）

申请人名称：
联系地址：
法定代表人或负责人姓名：
职务：

商标代理机构名称：
地址：

原异议人名称：
地址：

评审请求与法律依据：

事实与理由：

附件：

申请人章戳（签字）　　　　　　　　商标代理机构章戳

　　　　　　　　　　　　　　　　　代理人签字：

　　年　月　日　　　　　　　　　　　　年　月　日

★本申请书副本____份

说明：

1、此书式是供申请人依照《商标法》第三十五条第三款规定向国家知识产权局提出商标不予注册复审申请时使用的申请书样式。申请人只需按此申请文书样式要求书写申请书，不受此文书样式篇幅限制。

2、申请人按此文书样式提交纸质的商标不予注册复审申请书，应打字或者印刷。

3、申请人所提出的“评审请求与法律依据”，应写明具体请求和所依据的《商标法》及其《实施条例》的具体条款。申请人对部分商品或服务提出复审申请的，须在“评审请求”中写明。

4、申请人在阐述“事实与理由”时，应写明有关事实所依据的证据，并应另外提供证据目录清单，写明证据的名称、来源和待证明的具体事实。

5、申请人为法人或其他组织的，需写明法定代表人或负责人姓名、职务。

6、申请人是自然人的，应当在申请书签字；申请人是法人或者其他组织的，应当在申请书加盖公章。申请人委托商标代理机构的，商标代理机构应当在申请书加盖公章。

3. 注册商标无效宣告复审申请书

注册商标无效宣告复审申请书

（首页）

复审商标：
类别：
注册号/国际注册号：
国家知识产权局发文号：
申请人名称：
统一社会信用代码：
联系地址：
邮政编码：
联系人：
联系电话（含地区号）：
电子邮箱：

商标代理机构名称：
联系人：
联系电话（含地区号）：

是否需要提交补充证据材料：是 □；否 □

【承诺】 申请人和代理人、代理机构知晓在办理商标评审事宜时，提交虚假材料或隐瞒重要事实等行为属于失信行为；承诺遵循诚实信用原则，所申报的事项和所提供的材料真实、准确、完整；知晓承诺不实或未履行承诺，将承担信用管理失信惩戒等不利后果。

申请人章戳（签字）	商标代理机构章戳
	代理人签字：
年　月　日	年　月　日

注：填写此申请书（首页）时请认真阅读背面的填写须知，并应按照须知要求提供相应文件材料。

填 写 须 知

1. 此申请书（首页）适用于依照《商标法》第四十四条第二款对已注册商标提出的无效宣告复审申请。

2. 具体评审请求、事实、理由和法律依据应按《商标评审规则》和所附《注册商标无效宣告复审申请书》（正文样式）要求另附材料，连同此申请书（首页）一并提交。

3. 复审商标为国际注册的，应在注册号前加“G”。

4. 复审商标类别栏可同时填写多个商标类别。

5. 申请人为外国人或外国企业的，无需填写统一社会信用代码，但须填写准确的名称和有效的联系地址、电子邮箱，外文地址须注明其中文国别。申请人为自然人的，应在其名称后填写其身份证件号码。

6. 共有商标的当事人提出注册商标无效宣告复审申请的，应当在申请书中指定一个代表人；没有指定代表人的，以申请书中顺序排列的第一人为代表人。在此申请书（首页）申请人及其联系人栏目中只填写代表人的名称、统一社会信用代码、联系地址及其联系人和联系电话、电子邮箱，其他当事人应在所附材料中写明。代表人发生变更时须有被代表的当事人书面授权。

7. 在中国有经常居所或者营业所的外国人或者外国企业授权其在中国的代表人办理注册商标无效宣告复审事宜的，其代表人视为申请人的联系人，并在申请人的联系人、联系地址、联系电话、电子邮箱栏目中填写相应的内容。

8. 申请人在提出评审申请后，是否需要提交补充证据材料，请在相应的方框内划“√”，并自首次提交申请书之日起 3 个月内提交。

9. 未委托商标代理机构的，不需填写商标代理栏目。

10. 收费标准：实行按类收费，每个商标类别收取评审费用 750 元。详见“商标业务缴费指南”（sbj. cnipa. gov. cn）。

11. 邮寄办理的，应在收到缴费通知书后，根据缴费通知书上的提示及商标业务缴费指南，按要求进行缴费。

12. 申请人按此文书样式提交纸质的注册商标无效宣告复审申请书，应打字或者印刷。

13. 申请人是自然人的，应当在首页签字；申请人是法人或者其他组织的，应当在首页加盖公章。申请人委托商标代理机构的，商标代理机构应当在首页加盖公章，并由代理人签字。

14. 申请人及其委托的商标代理机构、代理人在提交申请前，应仔细阅读申请人承诺内容，并遵守承诺。一旦提交申请，即视为申请人和代理人、代理机构接受承诺内容。

注册商标无效宣告复审申请书

（正文样式）

申请人名称：
联系地址：
法定代表人或负责人姓名：
职务：

商标代理机构名称：
地址：

评审请求与法律依据：

事实与理由：

附件：

申请人章戳（签字）　　　　　　　　　商标代理机构章戳

　　　　　　　　　　　　　　　　　　代理人签字：

年　月　日　　　　　　　　　　　　　年　月　日

说明：

1、此书式是供申请人依照《商标法》四十四条第二款对已注册商标提出的无效宣告复审申请时使用的文书样式。申请人只需按本申请文书样式要求书写申请书，不受此文书样式篇幅限制。

2、申请人按此文书样式提交纸质的注册商标无效宣告复审申请书，应打字或者印刷。

3、申请人所提出的“评审请求与法律依据”，应写明具体请求和所依据的《商标法》及其《实施条例》的具体条款。申请人对部分商品或服务提出复审申请的，须在“评审请求”中写明。

4、申请人在阐述“事实与理由”时，应写明有关事实所依据的证据，并应另外提供证据目录清单，写明证据的名称、来源和待证明的具体事实。

5、申请人为法人或其他组织的，需写明法定代表人或负责人姓名、职务。

6、申请人是自然人的，应当在申请书签字；申请人是法人或者其他组织的，应当在申请书加盖公章。申请人委托商标代理机构的，商标代理机构应当在申请书加盖公章。

4. 撤销注册商标复审申请书

撤销注册商标复审申请书

（首页）

复审商标：
类别：
注册号/国际注册号：
国家知识产权局发文号：
申请人名称：
统一社会信用代码：
联系地址：
□同意此地址延及于本案后续程序
邮政编码：
联系人：
联系电话（含区号）：
电子邮箱：

商标代理机构名称：
联系人：
联系电话（含区号）：

被申请人名称：

是否需要提交补充证据材料：是□；否□

【承诺】 申请人和代理人、代理机构知晓在办理商标评审事宜时，提交虚假材料或隐瞒重要事实等行为属于失信行为；承诺遵循诚实信用原则，所申报的事项和所提供的材料真实、准确、完整；知晓承诺不实或未履行承诺，将承担信用管理失信惩戒等不利后果。

申请人章戳（签字）

年　月　日

商标代理机构章戳

代理人签字：

年　月　日

注：填写此申请书（首页）时请认真阅读背面的填写须知，并应按照须知要求提供相应文件材料。

填 写 须 知

1. 此申请书（首页）适用于依照《商标法》第五十四条规定提出的撤销注册商标复审申请。

2. 具体评审请求、事实、理由和法律依据应按《商标评审规则》和所附《撤销注册商标复审申请书》（正文样式）要求另附材料，连同此申请书（首页）一并提交。对部分商品或服务申请复审的，须在所附材料中具体列明。此申请书（首页）及有关附件需按照对方当事人的数量提交相应份数的副本。

3. 复审商标为国际注册的，应在注册号前加“G”。

4. 复审商标类别栏可同时填写多个商标类别。

5. 联系地址是指当事人在中国境内的常用联络地址，如果提供的地址不确切，或不及时告知变更后的地址，使文件无法送达或未及时送达的，当事人将自行承担由此可能产生的法律后果；“本案后续程序”是指商标授权确权司法程序。

6. 申请人为外国人或外国企业的，无需填写统一社会信用代码，但须填写准确的名称和有效的联系地址、电子邮箱，外文地址须注明其中文国别。申请人为自然人的，应在其名称后填写其身份证件号码。

7. 共同申请人或共有商标的当事人提出撤销注册商标复审申请的，应当在申请书中指定一个代表人；没有指定代表人的，以申请书中顺序排列的第一人为代表人。在此申请书（首页）申请人及其联系人栏目中只填写代表人的名称、统一社会信用代码、联系地址及其联系人和联系电话、电子邮箱，其他当事人应在所附材料中写明。代表人发生变更时须有被代表的当事人书面授权。

8. 申请人不服国家知识产权局依照《商标法》第四十九条第一款规定做出撤销决定提起复审申请的，无须填写被申请人名称。

9. 就国家知识产权局同一撤销或者不予撤销注册商标的决定提出撤销注册商标复审申请，涉及多个被申请人的，应提交一件撤销注册商标复审申请，并在申请书（首页）分别列明各被申请人的名称。

10. 在中国有经常居所或者营业所的外国人或者外国企业授权其在中国的代表人办理撤销注册商标复审事宜的，其代表人视为申请人的联系人，并在申请人的联系人、联系地址、联系电话、电子邮箱栏目中填写相应的内容。

11. 申请人在提出评审申请后，是否需要提交补充证据材料，请在相应的方框内划“√”，并自首次提交申请书之日起 3 个月内提交。

12. 未委托商标代理机构的，不需填写商标代理栏目。

13. 收费标准：实行按类收费，每个商标类别收取评审费用 750 元。详见“商标业务缴费指南”（sbj. cnipa. gov. cn）。

14. 邮寄办理的，应在收到缴费通知书后，根据缴费通知书上的提示及商标业务缴费指南，按要求进行缴费。

15. 申请人按此文书样式提交纸质的撤销注册商标复审申请书，应打字或者印刷。

16. 申请人是自然人的，应当在首页签字；申请人是法人或者其他组织的，应当在首页加盖公章。申请人委托商标代理机构的，商标代理机构应当在首页加盖公章，并由代理人签字。

17. 申请人及其委托的商标代理机构、代理人在提交申请前，应仔细阅读申请人承诺内容，并遵守承诺。一旦提交申请，即视为申请人和代理人、代理机构接受承诺内容。

撤销注册商标复审申请书

（正文样式）

申请人名称：
联系地址：
法定代表人或负责人姓名：
职务：

商标代理机构名称：
地址：

评审请求与法律依据：

事实与理由：

附件：

申请人章戳（签字）

年　月　日

商标代理机构章戳

代理人签字：

年　月　日

说明：

1、此书式是供申请人依照《商标法》第五十四条规定向国家知识产权局提出撤销注册商标复审申请时使用的申请书样式。申请人只需按此申请文书样式要求书写申请书，不受此文书样式篇幅限制。

2、申请人按此文书样式提交的撤销注册商标复审申请书，应打字或者印刷。

3、申请人所提出的“评审请求与法律依据”，应写明具体请求和所依据的《商标法》及其《实施条例》的具体条款。申请人对部分商品或服务提出复审申请的，须在“评审请求”中写明。

4、申请人在阐述“事实与理由”时，应写明有关事实所依据的证据，并应另外提供证据目录清单，写明证据的名称、来源和待证明的具体事实。

5、申请人为法人或其他组织的，需写明法定代表人或负责人姓名、职务。

6、申请人是自然人的，应当在申请书签字；申请人是法人或者其他组织的，应当在申请书加盖公章。申请人委托商标代理机构的，商标代理机构应当在申请书加盖公章。

5. 注册商标无效宣告申请书

注册商标无效宣告申请书

（首页）

争议商标：
类别：
注册号/国际注册号：
★引证商标：
★类别：
★申请号/注册号/国际注册号：
申请人名称：
统一社会信用代码：
联系地址：
□同意此地址延及于本案后续程序
邮政编码：
联系人：
联系电话（含地区号）：
电子邮箱：

商标代理机构名称：
联系人：
联系电话（含地区号）：

被申请人名称：
地址：

是否需要提交补充证据材料:是 □；否 □

是否仅涉及绝对理由:是 □；否 □

【承诺】 申请人和代理人、代理机构知晓在办理商标评审事宜时，提交虚假材料或隐瞒重要事实等行为属于失信行为；承诺遵循诚实信用原则，所申报的事项和所提供的材料真实、准确、完整；知晓承诺不实或未履行承诺，将承担信用管理失信惩戒等不利后果。

申请人章戳（签字）

年 月 日

商标代理机构章戳

代理人签字：

年 月 日

注：填写此申请书（首页）时请认真阅读背面的填写须知，并应按照须知要求提供相应文件材料。

填 写 须 知

1. 此申请书（首页）适用于依照《商标法》第四十四条第一款、四十五条第一款对已注册商标提出的无效宣告申请。

2. 依照《商标法》第三十条、第三十一条规定提出的注册商标无效宣告申请须填写“★”栏目。

3. 具体评审请求、事实、理由和法律依据应按《商标评审规则》和所附《注册商标无效宣告申请书》（正文样式）要求另附材料，连同此申请书（首页）一并提交。对部分商品或服务申请注册商标无效宣告的，须在所附材料中具体列明。此申请书（首页）及有关材料需按照对方当事人的数量提交相应份数的副本。

4. 争议商标或引证商标为国际注册的，应在注册号前加“G”。

5. 争议商标类别栏可同时填写多个商标类别。

6. 引证商标为两个或两个以上的或多类别的，应分别列明。

7. 联系地址是指当事人在中国境内的常用联络地址，如果提供的地址不确切，或不及时告知变更后的地址，使文件无法送达或未及时送达的，当事人将自行承担由此可能产生的法律后果；“本案后续程序”是指商标授权确权司法程序。

8. 申请人为外国人或外国企业的，无需填写统一社会信用代码，但须填写准确的名称和有效的联系地址、电子邮箱，外文地址须注明其中文国别。申请人为自然人的，应在其名称后填写其身份证件号码。

9. 共同申请人或共有商标的当事人提出注册商标无效宣告申请的，应当在申请书中指定一个代表人；没有指定代表人的，以申请书中顺序排列的第一人为代表人。在此申请书（首页）申请人及其联系人栏目中只填写代表人的名称、联系地址、统一社会信用代码，及其联系人和联系电话、电子邮箱，其他当事人应在所附材料中写明。代表人发生变更时须有被代表的当事人书面授权。

10. 在中国有经常居所或者营业所的外国人或者外国企业授权其在中国的

代表人办理注册商标无效宣告事宜的，其代表人视为申请人的联系人，并在申请人的联系人、联系地址、联系电话、电子邮箱栏目中填写相应的内容。

11. 申请人在提出评审申请后，是否需要提交补充证据材料，请在相应的方框内划“√”，并自首次提交申请书之日起 3 个月内提交。

12. 申请人提出评审理由如果仅涉及《商标法》第四条、第十条、第十一条、第十二条、第十九条第四款、第四十四条规定的以欺骗手段或者其他不正当手段取得注册的，请在“是否仅涉及绝对理由”对应的“是”方框内划“√”，否则在“否”方框内划“√”。

13. 未委托商标代理机构的，不需填写商标代理栏目。

14. 收费标准：实行按类收费，每个商标类别收取评审费用 750 元。详见“商标业务缴费指南”（sbj. cnipa. gov. cn）。

15. 邮寄办理的，应在收到缴费通知书后，根据缴费通知书上的提示及商标业务缴费指南，按要求进行缴费。

16. 申请人按此文书样式提交纸质的注册商标无效宣告申请书，应打字或者印刷。

17. 申请人是自然人的，应当在首页签字；申请人是法人或者其他组织的，应当在首页加盖公章。申请人委托商标代理机构的，商标代理机构应当在首页加盖公章，并由代理人签字。

18. 申请人及其委托的商标代理机构、代理人在提交申请前，应仔细阅读申请人承诺内容，并遵守承诺。一旦提交申请，即视为申请人和代理人、代理机构接受承诺内容。

注册商标无效宣告申请书

（正文样式）

申请人名称：
联系地址：
法定代表人或负责人姓名：
职务：

商标代理机构名称：
地址：

被申请人名称：
地址：

评审请求与法律依据：

事实与理由：

附件：

申请人章戳（签字）

年　月　日

商标代理机构章戳

代理人签字：

年　月　日

★本申请书副本____份

说明：

1、此书式是供申请人依照《商标法》四十四条第一款、四十五条第一款对已注册商标提出的无效宣告申请时使用的文书样式。申请人只需按本申请文书样式要求书写申请书，不受此文书样式篇幅限制。

2、申请人按此文书样式提交纸质的注册商标无效宣告申请书，应打字或者印刷。

3、申请人所提出的“评审请求与法律依据”，应写明具体请求和所依据的《商标法》及其《实施条例》的具体条款。申请人对部分商品或服务提出复审申请的，须在“评审请求”中写明。

4、申请人在阐述“事实与理由”时，应写明有关事实所依据的证据，并应另外提供证据目录清单，写明证据的名称、来源和待证明的具体事实。

5、申请人依照《商标法》第三十条、第三十一条规定提出注册商标无效宣告申请时，应在“事实与理由”中写明所引证的注册商标、类别、注册号及指定使用商品或服务等内容。

6、申请人为法人或其他组织的，需写明法定代表人或负责人姓名、职务。

7、申请人是自然人的，应当在申请书签字；申请人是法人或者其他组织的，应当在申请书加盖公章。申请人委托商标代理机构的，商标代理机构应当在申请书加盖公章。

6. 商标评审代理委托书

商标评审代理委托书

（样式）

委托人：____

地址：____

法定代表人/负责人姓名：______________职务：__________

受托人：____

地址：____

联系人：________________________电话：__________

委托人是______________国家/地区的自然人/法人/其他组织，现委托上述受托人代理对第____类第____号______________商标进行如下“√”评审事宜：

□驳回商标注册申请复审案　　　　□商标不予注册复审案

□撤销注册商标复审案　　　　　　□注册商标无效宣告案

□注册商标无效宣告复审案

受托人代理上述评审事宜的权限为：参与《中华人民共和国商标法》及其《实施条例》和《商标评审规则》规定的本案有关评审活动。委托人特别声明包括下列第____项权限：

① 承认对方评审请求

② 放弃或者变更评审请求

③ 撤回商标评审申请

委托人签字（盖章）

年　月　日

注：填写本委托书时请认真阅读背面的说明。

说明：

1. 商标代理委托书须由委托人签名或盖章，并注明委托事项和权限后为有效。

2. 委托授权的商标代理权限未经特别声明的均为一般代理，即不包括商标代理机构代为①承认对方评审请求；②放弃或者变更评审请求；③撤回评审申请。如包括前述某项或多项权限，应在指定的空格内填写上述权限的相应序号；否则，视为不包括上述权限。

3. 委托人为法人或其他组织的，应填写有关法定代表人或负责人的姓名、职务栏目，并应在委托人签字盖章处由法定代表人或负责人签名。

4. 商标代理权限发生变更或者解除商标代理关系的，委托人应当书面告知国家知识产权局。

5. 变更商标代理关系的，委托人应当向国家知识产权局提交与原代理机构解除代理关系的书面声明，以及与新代理机构签订的代理委托书。

6. 此委托书一式二份，一份由委托人存查，一份由委托人交由受委托的商标代理机构提交给国家知识产权局。

7. 申请人按此文书样式提交纸质的商标评审代理委托书，应打字或者印刷。

7. 行政复议申请书

行政复议申请书

（正本）

申请人：
地址：
法定代表人：
联系电话：

委托代理人：
地址：
联系人：
联系电话：

被申请人：
法定代表人：
地址：

行政复议请求：
1、
2、
事实与理由：

申请人：签字或盖章

年　月　日

附件：

1、申请人身份证明文件

2、国家知识产权局作出具体行政行为的法律文书原件或复印件

3、证据材料____份

4、授权委托书

（注：本书式仅供参考。若提交的证据数量较多或者同时提起多起行政复议，可以制作报送行政复议事项清单。若无委托代理人，委托代理人及其地址、联系人、联系电话一栏不填写。）

8. 行政复议授权委托书

行政复议授权委托书

委托人：
地址：
法定代表人：
联系电话：
受委托人：
地址：
联系人：
联系电话：

现委托____________________在我（单位）与国家知识产权局的行政复议案中，作为我方委托代理人参加行政复议。

委托权限如下：

□代为发表行政复议代理意见
□代为放弃、变更或撤回行政复议请求
□代为签收行政复议法律文书
□其他事项

委托人：签字或盖章
年　月　日

（注：本书式仅供参考。委托权限在方框内打钩。）

三、马德里商标国际注册书式（示范文本）

1. 马德里商标国际注册申请书

马德里商标国际注册申请书

□申请人或代理人文件编号：

□附页页数

一、申请人信息：

1、申请人中文全称及外文译名：

（如无外文译名的，可用拼音代替；中文名称应与国内注册证或受理通知书完全一致）

2、申请人地址：（地址应与国内注册证或受理通知书一致，相关文件中的地址未冠有省、市、县等行政区划的，申请人应当增加相应行政区划名称）

________省（自治区、直辖市）________市________区（县）________

____

邮政编码：____________________

3、电话（含地区号）：　　　　　　传真（含地区号）：

电子邮件地址：

4、申请人通信地址：

5、收文语言选择：　　□英语　　□法语

注：请按说明填写

二、申请人资格：

□申请人在中国设有真实有效的工商营业场所

□或者申请人在中国设有住所（或总部）

□或者申请人具有中国国籍

三、代理人信息：

1、代理人中文全称及外文译名（如无外文译名的，可用拼音代替）：

2、代理人地址（省份、城市、街道、门牌号码、邮政编码）：

3、电话（含地区号）： 传真（含地区号）：

电子邮件：

四、基础申请或基础注册：

申请号： 申请日期：

注册号： 注册日期：

五、优先权（国家、初次申请的日期和号码）：

在先申请所在主管局：

申请号： 申请日期：

六、商标：

不大于 80×80mm 不小于 20×20mm

七、其他事项

□要求保护颜色的，请作文字说明：

□立体商标

□声音商标

□集体或证明商标

□商标音译（拼音）：

□商标意译（英语或法语）：

□商标无含义

八、商品或/和服务及其类别（不得超过国内申请和注册范围，可附另页）：

1、□商品或/和服务及其类别：

类别	商品和/或服务

2、□如有对具体国家作商品或/和服务及类别的限定，请注明：

指定缔约方　　　　　　申请保护的类别及商品和/或服务

------------------------------ --

------------------------------ --

------------------------------ --

3、□若以上空间不足，请在方框内标记，并用附页填写

九、指定保护的缔约方（划出该缔约方）：

同属协定和议定书缔约方

□阿尔巴尼亚	□亚美尼亚	□奥地利	□阿塞拜疆
□波斯尼亚－黑塞哥维那		□保加利亚	□不丹
□比荷卢	□白俄罗斯	□瑞士	□古巴
□塞浦路斯	□捷克	□德国	□阿尔及利亚
□埃及	□西班牙	□法国	□克罗地亚
□匈牙利	□伊朗	□意大利	□肯尼亚
□吉尔吉斯斯坦	□朝鲜	□哈萨克斯坦	□列支敦士登
□利比里亚	□莱索托	□拉脱维亚	□摩洛哥
□摩纳哥	□摩尔多瓦	□黑山	□北马其顿
□蒙古	□莫桑比克	□纳米比亚	□波兰
□葡萄牙	□罗马尼亚	□塞尔维亚	□俄罗斯联邦
□苏丹	□斯洛文尼亚	□斯洛伐克	□塞拉利昂
□圣马力诺	□斯威士兰	□塔吉克斯坦	□乌克兰
□越南			

纯议定书缔约方

□阿联酋	□阿富汗	□安提瓜和巴布达	
□澳大利亚	□巴林	□文莱	
□波内赫、圣尤斯特歇斯和萨巴群岛		□巴西	□博茨瓦纳
□伯利兹	□加拿大	□智利	□哥伦比亚

□佛得角	□库拉索	□丹麦	□爱沙尼亚
□欧盟	□芬兰	□英国	□格鲁吉亚
□根西岛	□加纳	□冈比亚	□希腊
□印度尼西亚	□爱尔兰	□以色列	□印度
□冰岛	□牙买加	□日本	□柬埔寨
□韩国	□老挝	□立陶宛	□马达加斯加
□毛里求斯	□马拉维	□墨西哥	□马来西亚
□挪威	□新西兰	□非洲知识产权组织	
□阿曼	□菲律宾	□巴基斯坦	□卢旺达
□瑞典	□新加坡	□圣多美和普林西比	
□圣马丁	□叙利亚	□泰国	□土库曼斯坦
□突尼斯	□土耳其	□特立尼达和多巴哥	
□美国	□乌兹别克斯坦	□萨摩亚	□赞比亚
□津巴布韦			

共________个缔约方

十、本申请交费方式：

□通过国家知识产权局向国际局转交规费

□直接向国际局交纳规费

【承诺】申请人和代理人、代理机构知晓在办理马德里商标国际注册事宜时，恶意马德里商标国际注册申请、提交虚假材料或隐瞒重要事实等行为属于失信行为；承诺遵循诚实信用原则，所申报的事项和所提供的材料真实、准确、完整；知晓承诺不实或未履行承诺，将承担信用管理失信惩戒等不利后果。

（加盖代理人章戳；无代理人的加盖申请人章戳）

联系人：

电话（含地区号）：

日期：　　年　月　日

填 写 说 明

1、本申请书和外文申请书应当单面打印填写。

2、如申请人已获得国内受理通知书或国内注册证，即可指定所有缔约方。

3、提交本申请书时，应同时附送：

（1）相应的外文申请书；

（2）申请人资格证明文件，如营业执照复印件、居住证明复印件、身份证件复印件等；

（3）委托代理人的，应附送代理委托书；

（4）指定美国的，一并提交 MM18 表格。

4、外文申请书的选用：

MM2 表格。

5、外文申请书可选择英文或法文填写。

6、国家知识产权局对申请件进行审查，审查合格后向申请人或代理人寄送《收费通知单》。申请人或代理人按照该通知单的要求缴纳相应的费用之后，国家知识产权局向申请人或代理人寄送《受理通知书》。

7、日本的单独规费分申请费和注册费两次收取：在新申请或后期指定中指定日本的，申请人先缴纳申请费；日本特许厅审查核准后，通知申请人缴纳注册费。申请费可由申请人或代理人直接向国际局缴纳，也可以通过国家知识产权局转交；注册费由申请人或代理人根据国际局的通知直接向国际局缴纳。

8、“承诺”栏：申请人及其委托的商标代理机构、代理人在提交申请前，应仔细阅读申请人承诺内容，并遵守承诺。一旦提交申请，即视为申请人和代理人、代理机构接受承诺内容。

附页

2. 马德里商标国际注册续展申请书

马德里商标国际注册续展申请书

☐申请人或代理人文件编号：

☐附页页数：

一、基本情况：

1、商标名称：

2、国际注册号：

3、基础注册号：

4、国际注册到期日：

5、注册人名称（外文译名或拼音必须和国际注册证一致）：

6、注册人地址（外文译名或拼音必须和国际注册证一致）：

7、电话（含地区号）： 传真（含地区号）：

电子邮件：

8、注册人通信地址：

二、代理人信息：

1、代理人中文全称及外文译名（如无外文译名的，可用拼音代替）：

注：请按说明填写

2、代理人地址（省份、城市、街道、门牌号码、邮政编码）：

3、电话（含地区号）：　　　　　传真（含地区号）：

电子邮件：

三、续展所涉及的缔约方：

同属协定和议定书缔约方

□阿尔巴尼亚	□亚美尼亚	□奥地利	□阿塞拜疆
□波斯尼亚－黑塞哥维那		□保加利亚	□不丹
□比荷卢	□白俄罗斯	□瑞士	□古巴
□塞浦路斯	□捷克	□德国	□阿尔及利亚
□埃及	□西班牙	□法国	□克罗地亚
□匈牙利	□伊朗	□意大利	□肯尼亚
□吉尔吉斯斯坦	□朝鲜	□哈萨克斯坦	□列支敦士登
□利比里亚	□莱索托	□拉脱维亚	□摩洛哥
□摩纳哥	□摩尔多瓦	□黑山	□北马其顿
□蒙古	□莫桑比克	□纳米比亚	□波兰
□ 葡萄牙	□罗马尼亚	□塞尔维亚	□俄罗斯联邦
□苏丹	□斯洛文尼亚	□斯洛伐克	□塞拉利昂
□圣马力诺	□斯威士兰	□塔吉克斯坦	□乌克兰
□越南			

纯议定书缔约方

□阿联酋	□阿富汗	□安提瓜和巴布达	□澳大利亚
□巴林	□文莱	□波内赫、圣尤斯特歇斯和萨巴群岛	
□巴西	□博茨瓦纳	□伯利兹	□加拿大
□智利	□哥伦比亚	□佛得角	□库拉索

□丹麦	□爱沙尼亚	□欧盟	□芬兰
□英国	□格鲁吉亚	□根西岛	□加纳
□冈比亚	□希腊	□印度尼西亚	□爱尔兰
□以色列	□印度	□冰岛	□牙买加
□日本	□柬埔寨	□韩国	□老挝
□立陶宛	□马达加斯加	□毛里求斯	□马拉维
□墨西哥	□马来西亚	□挪威	□新西兰
□非洲知识产权组织		□阿曼	□菲律宾
□巴基斯坦	□卢旺达	□瑞典	□新加坡
□圣多美和普林西比		□圣马丁	□叙利亚
□泰国	□土库曼斯坦	□突尼斯	□土耳其
□特立尼达和多巴哥		□美国	□乌兹别克斯坦
□萨摩亚	□赞比亚	□津巴布韦	

共________个缔约方

四、本申请交费方式：

□通过国家知识产权局向国际局交纳规费

□直接向国际局交纳规费

【承诺】申请人和代理人、代理机构知晓在办理马德里商标国际注册事宜时，恶意马德里商标国际注册申请、提交虚假材料或隐瞒重要事实等行为属于失信行为；承诺遵循诚实信用原则，所申报的事项和所提供的材料真实、准确、完整；知晓承诺不实或未履行承诺，将承担信用管理失信惩戒等不利后果。

（加盖代理人章戳；无代理的加盖申请人章戳）

联系人：

电话（含地区号）：

日期：　　年　月　日

填 写 说 明

1、本申请书和外文申请书应当单面打印填写。

2、本申请可直接向国际局提交，也可通过国家知识产权局转交。

3、提交本申请书时，应同时附送：

（1）外文申请书 MM11 表格；

（2）委托代理人的，应附代理委托书。

4、国家知识产权局对申请件进行审查，审查合格后向申请人或代理人寄送《收费通知单》。申请人或代理人按照该通知单的要求缴纳相应的费用之后，国家知识产权局向申请人或代理人寄送《受理通知书》。

5、续展时可放弃在部分缔约方的保护，也可在虽有驳回或无效但未有终局决定的缔约方进行。

6、如在国际注册到期前未续展，可在宽展期内提交续展申请。宽展期为国际注册到期之日起六个月。如国际局在宽展期内收到续展申请，需加收宽展费，费用为基础注册费的一半。

7、“承诺”栏：申请人及其委托的商标代理机构、代理人在提交申请前，应仔细阅读申请人承诺内容，并遵守承诺。一旦提交申请，即视为申请人和代理人、代理机构接受承诺内容。

3. 马德里商标国际注册代理委托书

马德里商标国际注册代理委托书

委托人____________________是________国国籍、依________国法律组成，现委托____________________代理________商标马德里国际注册的如下“√”事宜。

□国际注册申请

□后期指定

□注册人名称/地址变更

□转让

□删减

□放弃

□注销

□续展

□指定/变更代理人

□国际注册代替国内注册加注

□国际注册转国内申请

□异议申请

□异议申请补充

□异议答辩

□异议答辩补充

□撤回异议申请

□提交集体、证明商标材料

□提交声音商标材料

□其他____________

委托人地址____________________委托人章戳（签字）

联　系　人____________________

电　　　话____________________

邮 政 编 码____________________　　　年　月　日

4. MM2

MM2 (E)-APPLICATION FOR INTERNATIONAL REGISTRATION UNDER THE MADRID PROTOCOL

We strongly recommend that you use the Madrid Application Assistant (MAA) to file an international application. Using the MAA will not only save you time and effort but allow you to pay the application fees online with a credit card or by debiting them from a WIPO current account.

For use by the applicant:

Number of continuation sheets for several applicants: ____________

Number of continuation sheets: ____________

Number of MM17 forms: ____________

☐ MM18 form (if applicable, check the box)

Applicant's reference (optional): ____________

For use by the Office of origin:

Office's reference (optional): ____________

1. NAME OF THE OFFICE OF ORIGIN

____

2. APPLICANT [1]

If there is more than one applicant, indicate the number of applicants and complete the "Continuation Sheet for Several Applicants".

Number of applicants: ____________

1 If there is more than one applicant, indicate the details for the first applicant only and provide the details requested in the "Continuation Sheet for Several Applicants" attached to this form.

(a) Name：

(b) Address：

(c) E-mail address [2]：

(d) Telephone number [3]：

(e) Nationality or legal nature and State of organization [4]：

(i) ☐If the applicant is a natural person, indicate the nationality of the applicant：

Nationality of the applicant：	

(ii) ☐If the applicant is a legal entity, provide both of the following indications：

Legal nature of the legal entity：	

2 You must indicate the e-mail address of the applicant. If a representative is appointed, the e-mail address of the applicant and of the representative must be different. If you do not indicate the e-mail address of the applicant or it is the same as the e-mail address of the representative, you will receive an irregularity notice and delay the processing of the application. The applicant must ensure that the e-mail address indicated here is correct and kept up to date.

WIPO will send all communications for this international application and the resulting international registration to the e-mail address of the applicant, unless an alternative e-mail address for correspondence is indicated in item 2(g)(ii) or a representative is appointed in item 4.

Where a representative is appointed, WIPO will only send communications to the e-mail address of the representative, except for a few communications where the Regulations require that WIPO send a copy to the holder (see the Note for Filing Form MM2).

3 Indicating a phone number is not required, but it will allow WIPO to reach you if needed.

4 These indications may be required for certain designations; only provide indications in either item (i) or item (ii) but not in both items.

State (country) and, where applicable, territorial unit within that State (canton, province, state, etc.), under the law of which the said legal entity has been organized:	

Correspondence details (optional):

(f) Preferred language for correspondence [5]: ☐English ☐French ☐Spanish

(g) Alternative address and e-mail address for correspondence [6]:

(i) Postal address:

(ii) E-mail address:

3. ENTITLEMENT TO FILE [7]

(a) Check the appropriate box:

(i) ☐where the Contracting Party of the Office of origin mentioned in item 1 is a State, the applicant is a national of that State; or

(ii) ☐where the Contracting Party of the Office of origin mentioned in item 1 is an

5 If you do not indicate your preferred language, WIPO will send all communications concerning this international application and the resulting international registration in the language of the international application.

6 Use this only if you want WIPO to send all communications concerning this international application and the resulting international registration to an address and e-mail address different from those indicated in item 2 (b) and (c).

7 If there is more than one applicant, indicate the entitlement details for the first applicant only and provide the details requested in the "Continuation Sheet for Several Applicants" attached to this form.

organization, the name of the State of which the applicant is a national:

[　　　　　　　　　　　　　　　　　　　　]; or

(iii) ☐the applicant is domiciled in the territory of the Contracting Party of the Office of origin mentioned in item 1; or

(iv) ☐the applicant has a real and effective industrial or commercial establishment in the territory of the Contracting Party of the Office of origin mentioned in item 1.

(b) Where the address of the applicant, given in item 2(b), is not in the territory of the Contracting Party of the Office of origin mentioned in item 1, indicate in the space provided below:

(i) if the box in paragraph (a)(iii) of the present item has been checked, the domicile of the applicant in the territory of the Contracting Party of the Office of origin, or,

(ii) if the box in paragraph (a)(iv) of the present item has been checked, the address of the applicant's industrial or commercial establishment in the territory of the Contracting Party of the Office of origin.

[　　　　　　　　　　　　　　　　　　　　]

4. APPOINTMENT OF A REPRESENTATIVE [8]

(a) Name: [　　　　　　　　　　]

(b) Address:

[　　　　　　　　　　　　　　　　　　　　]

---

8 You must indicate the name, address and e-mail address of the representative; otherwise, WIPO cannot record the appointment.

(c) E-mail address[9]: | |

(d) Telephone number[10]: | |

5. BASIC APPLICATION OR BASIC REGISTRATION

Basic application number:		Date of the basic application (dd/mm/yyyy):	
Basic registration number:		Date of the basic registration (dd/mm/yyyy):	

6. PRIORITY CLAIMED

☐ KThe applicant claims the priority of the earlier filing mentioned below:

Office of earlier filing:	
Number of earlier filing (if available):	
Date of earlier filing (dd/mm/yyyy):	

If the earlier filing does not relate to all the goods and services listed in item 10, indicate in the space provided below the goods and services to which it does relate:

9 When a representative is appointed, WIPO will send all communications concerning this international application and the resulting international registration only to the e-mail address of the representative, except for a few communications where the Regulations require that WIPO send a copy to the holder (see the Note for Filing Form MM2). The applicant and the representative must ensure that the e-mail address indicated here is accurate and kept up to date.

10 Indicating a phone number is not required, but it will allow WIPO to reach your representative if needed.

☐ If several priorities are claimed above, check this box and use a continuation sheet giving the information required for each priority claimed.

7. THE MARK

(a) Place the representation of the mark as it appears in the basic application or basic registration in the square below[11]; or attach it to this application as a single digital file[12].

---

11 A visual representation of the mark that shall not exceed a maximum size of 20 by 20 centimeters.

12 The single digital file can be a visual representation, in JPEG, PNG or TIFF format, a sound recording, in MP3 or WAV format (not exceeding 5 MB in size) or a motion or multimedia recording, in MP4 format (with AVC/H. 264 or MPEG-2/H. 262 codecs, not exceeding 20 MB in size).

(b) □ The applicant declares that the mark is to be considered as a mark in standard characters.

(c) □ The mark consists exclusively of a color or a combination of colors as such, without any figurative element.

8. COLOR(S) CLAIMED

(a) □ The applicant claims color as a distinctive feature of the mark.

Color or combination of colors claimed:

(b) Indication, for each color, of the principal parts of the mark that are in that color (as it may be required for certain designations):

9. MISCELLANEOUS INDICATIONS

(a) □ Transliteration of the mark (this information is compulsory where the mark consists of or contains matter in characters other than Latin characters, or numerals other than Arabic or Roman numerals):

(b) Translation of the mark (as it may be required for certain designations; do not check the box in item (c) if you provide a translation):

(i) into English:	
(ii) into French:	
(iii) into Spanish:	

(c) □ The words contained in the mark have no meaning (and therefore cannot be translated; do not check this box if you have provided a translation in item (b)).

(d) Where applicable, check the relevant box(es) below:

☐ Three-dimensional mark

☐ Sound mark

☐ Collective mark, certification mark, or guarantee mark

(e) Description of the mark (as it may be required for certain designations)

(i) Description of the mark contained in the basic application or basic registration, where applicable (only use this item if the Office of origin requires to include this description in the international application for the purposes of item 13(a)(ii) of this form):

(ii) Voluntary description of the mark (any description of the mark by words, including the description contained in the basic application or registration, if you were not required to provide this description in item (e)(i) above):

(f) Verbal elements of the mark (where applicable):

(g) The applicant wishes to disclaim protection for the following element(s) of the mark:

10. GOODS AND SERVICES[13]

(a) List below the class(es) and goods and services to be covered by the international registration[14]:

Class: Goods and Services[15]:

(b) □ The applicant wishes to limit the list of goods and services in respect of one or more designations, as follows:

Designation: Class(es) or class(es) and goods and services for this designation:

□ If the space provided is not sufficient, check the box and use a continuation sheet.

---

13 You can use the Madrid Goods and Services Manager (MGS) to find indications accepted by WIPO. In MGS, you can also find acceptance information for selected Offices. MGS is available at www. wipo. int/mgs.

14 Use font "Courier New" or "Times New Roman", size 12 pt. , or larger.

15 Use semicolon (;) to separate indications or goods or services listed in a given class. For example:

09 Screens for photoengraving; computers.

35 Advertising; compilation of statistics; commercial information agencies.

11. DESIGNATIONS[16]

Check the corresponding boxes:

☐AE United Arab Emirates
☐AF Afghanistan
☐AG Antigua and Barbuda
☐AL Albania
☐AM Armenia
☐AT Austria
☐AU Australia
☐AZ Azerbaijan
☐BA Bosnia and Herzegovina
☐BG Bulgaria
☐BH Bahrain
☐BN Brunei Darussalam[b]
☐BQ Bonaire, Saint Eustatius and Saba[f,g]
☐BR Brazil[e,h]
☐BT Bhutan
☐BW Botswana
☐BX Benelux[i]
☐BY Belarus
☐BZ Belize[b]
☐CA Canada
☐CH Switzerland
☐DZ Algeria
☐EE Estonia
☐EG Egypt
☐EM European Union[a]
☐ES Spain
☐FI Finland
☐FR France
☐GB United Kingdom[b,j]
☐GE Georgia
☐GG Guernsey[b,k]
☐GH Ghana
☐GM Gambia
☐GR Greece
☐HR Croatia
☐HU Hungary
☐ID Indonesia
☐IE Ireland[b]
☐IL Israel
☐IN India[b]
☐IR Iran (Islamic Republic of)
☐IS Iceland
☐IT Italy
☐JM Jamaica
☐JP Japan
☐KE Kenya
☐KZ Kazakhstan
☐LA Lao People's Democratic Republic
☐LI Liechtenstein
☐LR Liberia
☐LS Lesotho[b]
☐LT Lithuania
☐LV Latvia
☐MA Morocco
☐MC Monaco
☐MD Republic of Moldova
☐ME Montenegro
☐MG Madagascar
☐MK North Macedonia
☐MN Mongolia
☐MU Mauritius
☐MW Malawi[b]
☐MX Mexico
☐MY Malaysia[b]
☐MZ Mozambique[b]
☐NA Namibia
☐NO Norway
☐NZ New Zealand[b]
☐OA African
☐RO Romania
☐RS Serbia
☐RU Russian Federation
☐RW Rwanda
☐SD Sudan
☐SE Sweden
☐SG Singapore[b]
☐SI Slovenia
☐SK Slovakia
☐SL Sierra Leone
☐SM San Marino
☐ST Sao Tome and Principe
☐SX Sint Maarten (Dutch part)[f]
☐SY Syrian Arab Republic
☐SZ Eswatini
☐TH Thailand
☐TJ Tajikistan
☐TM Turkmenistan
☐TN Tunisia
☐TR Türkiye
☐TT Trinidad and Tobago[b]
☐UA Ukraine
☐US United States

---

16 You can find information on the procedures in national or regional offices in the Member Profile Database, available at www. wipo. int/madrid/memberprofiles.

□CL Chile
□CN China
□CO Colombia
□CU Cuba[e]
□CV Cabo Verde[b]
□CW Curaçao[f]
□CY Cyprus
□CZ Czech Republic
□DE Germany
□DK Denmark
□KG Kyrgyzstan
□KH Cambodia
□KP Democratic People's Republic of Korea
□KR Republic of Korea
Intellectual Property Organization (OAPI)[c]
□OM Oman
□PH Philippines
□PK Pakistan[b]
□PL Poland
□PT Portugal
of America[d]
□UZ Uzbekistan
□VN Viet Nam
□WS Samoa
□ZM Zambia
□ZW Zimbabwe

a The designation of the European Union covers its Member States (Austria, Belgium, Bulgaria, Croatia, Cyprus, Czech Republic, Denmark, Estonia, Finland, France, Germany, Greece, Hungary, Ireland, Italy, Latvia, Lithuania, Luxembourg, Malta, The Netherlands, Poland, Portugal, Romania, Slovakia, Slovenia, Spain, Sweden). If the European Union is designated, it is compulsory to indicate a second language before the Office of the European Union, among the following (check one box only):

□French □German □Italian □Spanish

Moreover, if the applicant wishes to claim the seniority of an earlier mark registered in, or for, a Member State of the European Union, the official form MM17 must be annexed to the present international application.

b By designating Belize, Brunei Darussalam, Cabo Verde, Guernsey, India, Ireland, Lesotho, Malawi, Malaysia, Mozambique, New Zealand, Pakistan, Singapore, Trinidad and Tobago or the United Kingdom, the applicant declares that the applicant has the intention that the mark will be used by the applicant or with the applicant's consent in that country in connection with the goods and services identified in this application.

c The designation of the African Intellectual Property Organization (OAPI) covers the following Member States: Benin, Burkina Faso, Cameroon, Central African Republic, Chad, Comoros, Congo, Côte d'Ivoire, Equatorial Guinea, Gabon, Guinea, Guinea-Bissau, Mali, Mauritania, Niger, Senegal, Togo.

d If the United States of America is designated, it is compulsory to annex to the present international application the official form (MM18) containing the declaration of intention to use the mark required by this Contracting Party. Item 2(e) of the present form should also be completed.

e Brazil and Cuba have made a notification under Rule 34(3)(a) of the Regulations. Their respective individual fees are payable in two parts. Therefore, if Brazil or Cuba is designated, only the first part of the applicable individual fee is payable at the time of filing the present international application. The second part will have to be paid only if the Office of the Contracting Party concerned is satisfied that the mark which is the subject of the international registration qualifies for protection. The date by which the second part must be paid, and the amount due, will be notified to the holder of the international registration at a later stage.

f Territorial entity previously part of the former Netherlands Antilles.

g Protection in BQ (Bonaire, Saint Eustatius and Saba) is granted automatically with the designation (see Information Notice No. 27/2011).

h By designating Brazil, the applicant declares that the applicant, or a company controlled by the applicant, effectively and lawfully conducts business in connection with the goods and services for which Brazil is being designated; and, agrees to receive notifications, including summons, not covered by the Madrid Protocol concerning the international registration of the mark that is the subject of this international application, issued in judicial proceedings held in Brazil, by post.

i The designation of Benelux covers the following States: Belgium, Luxembourg and the Netherlands.

j The designation of the United Kingdom covers England, Wales, Scotland, Northern Ireland, the British Overseas Territory of the Falkland Islands (Malvinas) and Gibraltar, as well as the two British Crown Dependencies of the Isle of Man and Jersey (see Information Notices No. 38/2015 and 77/2020).

k The Bailiwick of Guernsey is a self-governing British Crown Dependency (see Information Notice No. 77/2020).

12. SIGNATURE OF THE APPLICANT AND/OR THEIR REPRESENTATIVE

If required or allowed by the Office of origin.

By signing this form, I declare that I am entitled to sign it under the applicable law.

Signature: [ ]

13. CERTIFICATION AND SIGNATURE OF THE INTERNATIONAL APPLICATION BY THE OFFICE OF ORIGIN

(a) Certification. The Office of origin certifies:

(i) That the request to present this application was received on (dd/mm/yyyy):

(ii) that the applicant named in item 2 is the same as the applicant named in the basic application or the holder named in the basic registration mentioned in item 5, as the case may be,

that any indication given in item 7(d), 9(d) or 9(e)(i) appears also in the basic application or the basic registration, as the case may be,

that the mark in item 7(a) corresponds to the mark in the basic application or the basic registration, as the case may be,

that, if color is claimed as a distinctive feature of the mark in the basic application or the basic registration, or the mark in the basic application or basic registration is applied to be or is protected in color, a color claim is included in item 8 or that, if color is claimed in item 8 without having being claimed in the basic application or basic registration, the mark in the basic application or basic registration is in fact in the color or combination of colors claimed, and

that the goods and services listed in item 10 are covered by the list of goods and services appearing in the basic application or basic registration, as the case may be.

Where the international application is based on two or more basic applications or basic registrations, the above declaration shall be deemed to apply to all those basic applications or basic registrations.

(b) Name of the Office:

(c) Name and signature of the official signing on behalf of the Office:

By signing this form, I declare that I am entitled to sign it under the applicable law.

(d)　E-mail address of the contact person in the Office：

METHOD OF PAYMENT

If you want to debit the amount of the fees from your Current Account at WIPO, tick the box and provide the information under item (a). If you have already transferred those amounts to WIPO's bank or postal account, provide as much information as possible under item (b), which would allow WIPO to identify and allocate your payment.

(a) INSTRUCTIONS TO DEBIT FROM A CURRENT ACCOUNT AT WIPO

☐ The International Bureau is hereby instructed to debit the required amount of fees from a current account opened with WIPO (if this box is checked, it is not necessary to complete (b)).

Holder of the account：	
Account number：	
Identity of the party giving the instructions：	

(b) BANK OR POSTAL TRANSFER

Identity of the party effecting the payment：	

Payment received and acknowledged by WIPO	☐	WIPO receipt number	
Payment made to WIPO bank account IBAN No. CH51 0483 5048 7080 8100 0 Crédit Suisse, CH-1211 Geneva 70 Swift/BIC：CRESCHZZ80A	☐	Payment identification	dd/mm/yyyy

Payment made to WIPO postal account (within Europe only) IBAN No. CH03 0900 0000 1200 5000 8 Swift/BIC: POFICHBE	☐	Payment identification	dd/mm/yyyy

FEE CALCULATION SHEET

AMOUNT OF FEES (see Fee Calculator: www. wipo. int/madrid/en/fees/calculator. jsp)

Basic fee: 653 Swiss francs if the representation of the mark is in black and white and 903 Swiss francs if the representation is in color. (*For international applications filed by applicants whose country of origin is a Least Developed Country, in accordance with the list established by the United Nations* (www. wipo. int/ldcs/en/country), 65 *Swiss francs if the representation is in black and white and* 90 *Swiss francs if the representation is in color.*)	

Complementary and supplementary fees:

Number of designations for which complementary fee is applicable		Complementary fee	Total amount of the complementary fees			
	x	100 Swiss francs	=		=	
Number of classes of goods and services beyond three		Supplementary fee	Total amount of the supplementary fees			
	x	100 Swiss francs	=		=	

Individual fees (Swiss francs)[17]:

Designations	Individual fee	Designations	Individual fee

Total individual fees | = | |

GRAND TOTAL (Swiss francs) | = | |

17 If the Office of origin is bound by the Agreement and the Protocol, you will pay standard fees for those designations that are also bound by both treaties, even where individual fees apply.

CONTINUATION SHEET FOR SEVERAL APPLICANTS No. ☐ of ☐

Please, complete a separate continuation sheet for each applicant.

APPLICANT No. ☐ of ☐

(a) Name:

(b) Address:

(c) E-mail address[18]:

(d) Telephone number[19]:

(e) Nationality or legal nature and State of organization[20]:

(i) ☐If the applicant is a natural person, indicate the nationality of the applicant:

Nationality of the applicant:	

(ii) ☐If the applicant is a legal entity, provide both of the following indications:

Legal nature of the legal entity:	

18 You must indicate the e-mail address of each applicant. Where there is more than one applicant, each applicant must provide their own e-mail address, which must be different from each other and their representative, if any. The applicant must ensure that the e-mail address indicated here is correct and kept up to date.
WIPO will send all communications concerning the international application and the resulting international registration only to the e-mail address of the applicant named first in item 2 of the attached form, unless an alternative e-mail address for correspondence is indicated in item 2(g)(ii) or a representative is appointed in item 4.

19 Indicating a phone number is not required, but it will allow WIPO to reach you if needed.

20 These indications may be required for certain designations; only provide indications in either item (i) or item (ii) but not in both items.

State (country) and, where applicable, territorial unit within that State (canton, province, state, etc.), under the law of which the said legal entity has been organized:	

ENTITLEMENT TO FILE

(a) Check the appropriate box:

(i) □where the Contracting Party of the Office of origin mentioned in item 1 of the attached form is a State, the applicant is a national of that State; or

(ii) □where the Contracting Party of the Office of origin mentioned in item 1 of the attached form is an organization, the name of the State of which the applicant is a national:

; or

(iii) □the applicant is domiciled in the territory of the Contracting Party of the Office of origin mentioned in item 1 of the attached form; or

(iv) □the applicant has a real and effective industrial or commercial establishment in the territory of the Contracting Party of the Office of origin mentioned in item 1 of the attached form.

(b) Where the address of the applicant, given above, is not in the territory of the Contracting Party of the Office of origin mentioned in item 1, indicate in the space provided below:

(i) if the box in paragraph (a)(iii) above, has been checked, the domicile of the applicant in the territory of the Contracting Party of the Office of origin, or,

(ii) if the box in paragraph (a)(iv) above, has been checked, the address of the applicant's industrial or commercial establishment in the territory of the Contracting Party of the Office of origin.

CONTINUATION SHEET　　No. ☐ of ☐

5. MM4

MM4（E）-DESIGNATION SUBSEQUENT TO THE INTERNATIONAL REGISTRATION

We strongly recommend that you use the online subsequent designation form to request a subsequent designation when paying the subsequent designation fees with a credit card or debiting them from a WIPO current account.

For use by the holder：

Number of continuation sheets：

Number of MM17 forms：

□MM18 form（if applicable，check the box）

Holder's reference：

For use by the Office of origin：

Office's reference：

1. INTERNATIONAL REGISTRATION NUMBER

2. NAME OF THE HOLDER[1]

As recorded in the International Register.

1 Where the international registration is jointly owned，indicate the names of each joint holder as recorded in the international registration here.

3. DESIGNATIONS [2]

Check the corresponding boxes:

☐AE United Arab Emirates
☐AF Afghanistan
☐AG Antigua and Barbuda
☐AL Albania
☐AM Armenia
☐AT Austria
☐AU Australia
☐AZ Azerbaijan
☐BA Bosnia and Herzegovina
☐BG Bulgaria
☐BH Bahrain
☐BN Brunei Darussalam[b]
☐BQ Bonaire, Saint Eustatius and Saba[f,g]
☐BR Brazil[e,h,i]
☐BT Bhutan
☐BW Botswana
☐BX Benelux[j]
☐BZ Belize[b]
☐BY Belarus
☐CA Canada
☐CH Switzerland
☐DZ Algeria
☐EE Estonia[h]
☐EG Egypt
☐EM European Union[a]
☐ES Spain
☐FI Finland
☐FR France
☐GB United Kingdom[b,k]
☐GE Georgia
☐GG Guernsey[b,l]
☐GH Ghana
☐GM Gambia
☐GR Greece
☐HR Croatia
☐HU Hungary
☐ID Indonesia
☐IE Ireland[b]
☐IL Israel
☐IN India[b,h]
☐IR Iran (Islamic Republic of)
☐IS Iceland
☐IT Italy
☐JM Jamaica
☐JP Japan
☐KE Kenya
☐KZ Kazakhstan
☐LA Lao People's Democratic Republic
☐LI Liechtenstein
☐LR Liberia
☐LS Lesotho[b]
☐LT Lithuania
☐LV Latvia
☐MA Morocco
☐MC Monaco
☐MD Republic of Moldova
☐ME Montenegro
☐MG Madagascar
☐MK North Macedonia
☐MN Mongolia
☐MU Mauritius
☐MW Malawi[b]
☐MX Mexico
☐MY Malaysia[b]
☐MZ Mozambique[b]
☐NA Namibia
☐NO Norway
☐NZ New Zealand[b]
☐OA African
☐RO Romania
☐RS Serbia
☐RU Russian Federation
☐RW Rwanda
☐SD Sudan
☐SE Sweden
☐SG Singapore[b]
☐SI Slovenia
☐SK Slovakia
☐SL Sierra Leone
☐SM San Marino
☐ST Sao Tome and Principe
☐SX Sint Maarten (Dutch part)[f]
☐SY Syrian Arab Republic
☐SZ Eswatini
☐TH Thailand
☐TJ Tajikistan
☐TM Turkmenistan
☐TN Tunisia
☐TR Türkiye
☐TT Trinidad and Tobago[b]
☐UA Ukraine
☐US United States

---

2 You can find information on the procedures in national or regional offices in the Member Profile Database, available at www. wipo. int/madrid/memberprofiles.

□CL Chile
□CN China
□CO Colombia
□CU Cuba[e]
□CV Cabo Verde[b]
□CW Curaçao[f]
□CY Cyprus
□CZ Czech Republic
□DE Germany
□DK Denmark

□KG Kyrgyzstan
□KH Cambodia
□KP Democratic People's Republic of Korea
□KR Republic of Korea

Intellectual Property Organization (OAPI)[c]
□OM Oman
□PH Philippines[h]
□PK Pakistan[b]
□PL Poland
□PT Portugal

of America[d]
□UZ Uzbekistan
□VN Viet Nam
□WS Samoa
□ZM Zambia
□ZW Zimbabwe

a The designation of the European Union covers its Member States (Austria, Belgium, Bulgaria, Croatia, Cyprus, Czech Republic, Denmark, Estonia, Finland, France, Germany, Greece, Hungary, Ireland, Italy, Latvia, Lithuania, Luxembourg, Malta, The Netherlands, Poland, Portugal, Romania, Slovakia, Slovenia, Spain, Sweden). If the European Union is designated, it is compulsory to indicate a second language before the Office of the European Union. The second language must be chosen from among the following five languages, but may not be the language of the international application from which the international registration indicated in item 1 resulted, regardless of the language of the present subsequent designation. Thus, for example, if the international application was filed in French and this subsequent designation is in English, French may not be selected as the second language (check one box only):

□English □French □German □Italian □Spanish

Moreover, if the applicant wishes to claim the seniority of an earlier mark registered in, or for, a Member State of the European Union, the official form MM17 must be annexed to the present subsequent designation.

b By designating Belize, Brunei Darussalam, Cabo Verde, Guernsey, India, Ireland, Lesotho, Malawi, Malaysia, Mozambique, New Zealand, Pakistan, Singapore, Trinidad and Tobago or the United Kingdom, the holder declares that he/she has the intention that the mark will be used by him/her or with his/her consent in that country in connection with the goods and services identified in the present subsequent designation.

c　The designation of the African Intellectual Property Organization (OAPI) covers the following Member States: Benin, Burkina Faso, Cameroon, Central African Republic, Chad, Comoros, Congo, Côte d'Ivoire, Equatorial Guinea, Gabon, Guinea, Guinea-Bissau, Mali, Mauritania, Niger, Senegal, Togo.

d　If the United States of America is designated, it is compulsory to annex to the present international application the official form (MM18) containing the declaration of intention to use the mark required by this Contracting Party. Item 5 (a) of the present form should also be completed.

e　Cuba and Brazil have made a notification under Rule 34 (3) (a) of the Common Regulations. Their respective individual fees are payable in two parts. Therefore, if Cuba or Brazil is designated, only the first part of the applicable individual fee is payable at the time of filing the present international application. The second part will have to be paid only if the Office of the Contracting Party concerned is satisfied that the mark which is the subject of the international registration qualifies for protection. The date by which the second part must be paid, and the amount due, will be notified to the holder of the international registration at a later stage.

f　Territorial entity previously part of the former Netherlands Antilles.

g　Protection in BQ (Bonaire, Saint Eustatius and Saba) is granted automatically with the designation (see Information Notice No. 27/2011).

h　Brazil, Estonia, India and the Philippines have made the declaration referred to in Article 14(5) of the Protocol. Accordingly, it is not possible to subsequently designate Brazil in respect of international registrations effected prior to October 2, 2019, Estonia in respect of international registrations effected prior to November 18, 1998, India in respect of international registrations effected prior to July 8, 2013, and the Philippines in respect of international registrations effected prior to July 25, 2012.

i　By designating Brazil, the holder declares that the holder, or a company controlled by the holder, effectively and lawfully conducts business in connection with the goods and services for which Brazil is being designated; and, agrees to receive notifications, including summons, not covered by the Madrid Protocol concerning the international registration of the mark that is the subject of this subsequent designation, issued in judicial proceedings held in Brazil, by post.

j　The designation of Benelux covers the following States: Belgium, Luxembourg and the Netherlands.

k The designation of the United Kingdom covers England, Wales, Scotland, Northern Ireland, the British Overseas Territory of the Falkland Islands (Malvinas) and Gibraltar, as well as the two British Crown Dependencies of the Isle of Man and Jersey (see Information Notices No. 38/2015 and 77/2020).

l The Bailiwick of Guernsey is a self-governing British Crown Dependency (see Information Notice No. 77/2020).

4. GOODS AND SERVICES CONCERNED BY THE SUBSEQUENT DESIGNATION[3]

Check only one box.

(a) ☐ the subsequent designation is made, in respect of all the Contracting Parties designated in item 3, for all the goods and services listed in the international registration indicated in item 1; or

(b) ☐ the subsequent designation is made, in respect of all the Contracting Parties designated in item 3, only for those goods and services listed in the continuation sheet (which must be grouped in the appropriate class(es)); or:

(c) ☐ the subsequent designation is only for those goods and services listed in the continuation sheet in respect of the Contracting Parties identified in the said continuation sheet; in respect of the other Contracting Parties designated in item 3, the subsequent designation is for all the goods and services listed in the international registration identified in item 1[4].

5. MISCELLANEOUS INDICATIONS

Only provide these indications or translations if they are not already recorded in the International Register; if this is the case, the International Bureau will disregard any new indication or translation provided in item 5(c) of this form.

(a) Indications concerning the holder (as may be required by certain designated

---

3 You can use the Madrid Goods and Services Manager (MGS) to find indications accepted by WIPO. In MGS, you can also find acceptance information for selected Contracting Parties. MGS is available at www. wipo. int/mgs.

4 Use font "Courier New" or "Times New Roman", size 12 pt., or larger. Use semicolon (;) to separate indications or goods or services listed in a given class. For example:

09 Screens for photoengraving; computers.

35 Advertising; compilation of statistics; commercial information agencies.

Contracting Parties, such as, for example, the United States of America; only provide indications in either item (i) or in item (ii) but not in both items):

(i) □ If the holder is a natural person, nationality of the holder:

Nationality of the holder:	

(ii) □ If the holder is a legal entity, provide both of the following indications:

Legal nature of the legal entity:	
State (country) and, where applicable, territorial unit within that State (canton, province, state, etc.), under the law of which the said legal entity has been organized:	

(b) Indication, for each color, of the principal parts of the mark that are in that color (as may be required by certain designated Contracting Parties):

(c) Translation of the mark (as may be required by certain designated Contracting Parties; do not check the box in item (d) if you provide a translation in this item):

(i) into English:	
(ii) into French:	
(iii) into Spanish:	

(d) □Check this box if the words contained in the mark have no meaning (and therefore cannot be translated; do not check this box if you have provided a translation in item (c)).

(e) Voluntary description of the mark (any description of the mark by words, including the description contained in the basic application or registration, if you were not required to provide this description in item 9(e)(i) of the international application form MM2):

6. DATE OF THE SUBSEQUENT DESIGNATION [5]

Check only one box.

(a) ☐ this subsequent designation shall take effect after the renewal of the international registration indicated in item 1;

(b) ☐ this subsequent designation shall take effect after the recording in the International Register of the following change or cancellation in respect of the international registration indicated in item 1 (specify the change or cancellation):

7. SIGNATURE OF THE HOLDER AND/OR THEIR REPRESENTATIVE

Holder (as recorded in the International Register):

By signing this form, I declare that I am entitled to sign it under the applicable law.

5 If neither of these boxes is checked, the date of this subsequent designation will, subject to Rule 24(6)(c)(i) of the Regulations under the Protocol, be the date of its receipt by the International Bureau if it has been presented direct to the International Bureau, or, if it has been presented through the intermediary of an Office, the date of receipt by that Office, provided that the said designation has been received by the International Bureau within a period of two months from that date and subject to Rule 24(6)(c)(i) and (d) of the Regulations under the Protocol.

Name：

Signature：

Representative of the holder（as recorded in the International Register）：

By signing this form，I declare that I am entitled to sign it under the applicable law.

Name：

Signature：

8. DATE OF RECEIPT AND DECLARATION BY THE OFFICE OF THE CONTRACTING PARTY OF THE HOLDER PRESENTING THE SUBSEQUENT DESIGNATION

Where the subsequent designation is presented through an Office.

Date of receipt of the subsequent designation by the Office（dd/mm/yyyy）

9. SIGNATURE OF THE OFFICE PRESENTING THE REQUEST

If applicable.

（a）　Name of the Office：

（b）　Name and signature of the official signing on behalf of the Office：

By signing this form，I declare that I am entitled to sign it under the applicable law.

(c) E-mail address of the contact person in the Office:

METHOD OF PAYMENT

If you want to debit the amount of the fees from your Current Account at WIPO, tick the box and provide the information under item (a). If you have already transferred those amounts to WIPO's bank or postal account, provide as much information as possible under item (b), which would allow WIPO to identify and allocate your payment.

(a) INSTRUCTIONS TO DEBIT FROM A CURRENT ACCOUNT

□ The International Bureau is hereby instructed to debit the required amount of fees from a current account opened with the International Bureau (if this box is checked, it is not necessary to complete (b)).

Holder of the account:	
Account number:	
Identity of the party giving the instructions:	

(b) BANK OR POSTAL TRANSFER

Identity of the party effecting the payment:	

Payment received and acknowledged by WIPO	□	WIPO receipt number	
Payment made to WIPO bank account IBAN No. CH51 0483 5048 7080 8100 0 Crédit Suisse, CH-1211 Geneva 70 Swift/BIC: CRESCHZZ80A	□	Payment identification	dd/mm/yyyy

Payment made to WIPO postal account (within Europe only) IBAN No. CH03 0900 0000 1200 5000 8 Swift/BIC：POFICHBE	☐	Payment identification	dd/mm/yyyy

FEE CALCULATION SHEET

AMOUNT OF FEES (see Fee Calculator：www. wipo. int/madrid/en/fees/calculator. jsp)

Basic fee (Swiss francs)	300. -

Complementary fees：

Number of designations for which complementary fee is applicable		Complementary fee	Total amount of the complementary fees			
	x	100 Swiss francs	=		=	

Individual fees (Swiss francs) [6]：

Designated Contracting Parties	Individual fee	Designated Contracting Parties	Individual fee

Total individual fees | = | |

GRAND TOTAL (Swiss francs) | = | |

6 Where individual fees have been declared, you will pay these fees instead of the standard fees except where the designated Contracting Party and the Contracting Party of the holder are both States bound by the Protocol and the Agreement, in which case, a complementary fee is payable.

CONTINUATION SHEET　　No. ☐ of ☐

6. MM6

MM6（E）-REQUEST FOR THE RECORDING OF A LIMITATION OF THE LIST OF GOODS AND SERVICES

We strongly recommend that you use the online limitation form to request a limitation when paying the limitation fees with a credit card or debiting them from a WIPO current account.

For use by the holder：

Number of continuation sheets：	
Holder's reference：	
For use by the Office：	
Office's reference：	

1. INTERNATIONAL REGISTRATION NUMBER（S）

This form may be used for several international registrations in the name of the same holder, provided that the same limitation applies to all designated Contracting Parties or to the same designated Contracting Parties for each of the international registrations concerned.

2. NAME OF THE HOLDER [1]

As recorded in the International Register.

1 Where the international registration is jointly owned indicate the names of each joint holder as recorded in the international registration here.

3. CONTRACTING PARTIES

Check only one box.

(a) ☐ the limitation of the list of goods and services indicated in item 4(a) and/or 4(b) is to be recorded for all the Contracting Parties designated in the international registration(s) indicated in item 1; or

(b) ☐ the limitation of the list of goods and services indicated in item 4(a) and/or 4(b) is to be recorded for the designated Contracting Parties indicated below:

4. GOODS AND SERVICES[2]

Any class covered by the international registration (s) indicated in item 1 that is not mentioned below remains as recorded in the International Register:

– if you want to request the recording of a limitation for one particular class in respect of the designated Contracting Parties mentioned in item 3, provide the relevant class number and the complete new limited list of goods and services of this class under item (a);

– however, if you want to delete one or more entire classes in respect of those Contracting Parties, indicate the class number(s) under item (b).

---

2 You can use the Madrid Goods and Services Manager (MGS) to find indications accepted by WIPO. In MGS, you can also find acceptance information for selected Contracting Parties. MGS is available at www. wipo. int/mgs.

Use font "Courier New" or "Times New Roman", size 12 pt., or larger.

Use semicolon (;) to separate indications or goods or services listed in a given class. For example:

09 Screens for photoengraving; computers.

35 Advertising; compilation of statistics; commercial information agencies.

(a) If the limitation concerns changes in a given class, provide below the relevant class number and the complete new limited list of goods and services of this class (i. e. , not the goods or services that you wish to delete from the currently recorded list)[3]:

(b) If an entire class is to be deleted, indicate only the class number (if a class number is indicated here, it will be understood that the designation of the Contracting Parties indicated in item 3 no longer contains this class. Any class mentioned under item 4 (a), above, must not be indicated here.):

☐ If the space provided is not sufficient, check the box and use a continuation sheet.

---

3 It is important to provide clear information on the remaining scope, to ensure correct recording of the limitation in the International Register. The new limited list will be recorded for the Contracting Parties indicated in item 3.

Example 1: If the international registration contains, in class 25, "clothing; footwear; headwear" and you want to limit certain designations to clothing and headwear, you should indicate that the new list in respect of those designations is "clothing; headwear".

Example 2: If you want to keep certain footwear, you should clearly indicate the remaining scope, including the kind of footwear you want to keep in the designation; for instance "clothing; leather shoes, leather boots, leather sandals; headwear".

Example 3: If you want to limit footwear to sandals only, you could indicate that the new list is "clothing; sandals; headwear".

Example 4: If you want to exclude sandals from footwear, you could indicate that the new list is "clothing; footwear, except sandals; headwear".

5. SIGNATURE OF THE HOLDER AND/OR THEIR REPRESENTATIVE

Holder（as recorded in the International Register）：

By signing this form，I declare that I am entitled to sign it under the applicable law.

Name：

Signature：

Representative of the holder（as recorded in the International Register）：

By signing this form，I declare that I am entitled to sign it under the applicable law.

Name：

Signature：

6. SIGNATURE OF THE OFFICE PRESENTING THE REQUEST

Where the request is presented through an Office.

（a） Name of the Office：

（b） Name and signature of the official signing on behalf of the Office：

By signing this form，I declare that I am entitled to sign it under the applicable law.

（c） E-mail address of the contact person in the Office：

METHOD OF PAYMENT

If you want to debit the amount of the fees from your Current Account at WIPO, tick the box and provide the information under item (a). If you have already transferred those amounts to WIPO's bank or postal account, provide as much information as possible under item (b), which would allow WIPO to identify and allocate your payment.

(a) INSTRUCTIONS TO DEBIT FROM A CURRENT ACCOUNT

☐ The International Bureau is hereby instructed to debit the required amount of fees from a current account opened with the International Bureau (if this box is checked, it is not necessary to complete (b)).

Holder of the account:	
Account number:	
Identity of the party giving the instructions:	

(b) BANK OR POSTAL TRANSFER

Identity of the party effecting the payment:	

Payment received and acknowledged by WIPO	☐	WIPO receipt number	
Payment made to WIPO bank account IBAN No. CH51 0483 5048 7080 8100 0 Crédit Suisse, CH-1211 Geneva 70 Swift/BIC: CRESCHZZ80A	☐	Payment identification	dd/mm/yyyy
Payment made to WIPO postal account (within Europe only) IBAN No. CH03 0900 0000 1200 5000 8 Swift/BIC: POFICHBE	☐	Payment identification	dd/mm/yyyy

FEE CALCULATION SHEET

AMOUNT OF FEES

Amount（177 Swiss francs）	x		（per international registration mentioned in item 1）	GRAND TOTAL（Swiss francs）	=	

CONTINUATION SHEET　　No. ☐ of ☐